mille chemins vers l'optimisme

mille chemins vers

l'optimisme

David Baird

Albin Michel

Sommaire

Introduction

Nous avons tous reçu un don merveilleux… la vie ! Qu'allons-nous en faire, et pour combien de temps ? La longueur et la qualité de la vie dépendent de nombreux facteurs : hérédité, environnement, style de vie, comportement et, dans certains cas, accès ou non à la médecine. Nous contrôlons certaines données, et beaucoup d'autres non. Il semble qu'une longue vie soit une question de chance et de bonne gestion. Si nous vivons sainement, relaxons le corps et l'esprit et, par-dessus tout, aimons la vie, alors nous avons une chance de vivre bien, et longtemps.

Comme nous ne pouvons pas savoir à l'avance de combien de temps nous disposons, il serait vain de perdre le moindre temps de vie à nous en soucier. Depuis des siècles, les philosophes, les poètes, les scientifiques et les rêveurs parlent du sens de la vie, et des moyens de la prolonger. Dans ce livre, de nouvelles pensées unies à des voix du passé nous aident à trouver les réponses.
Une chose, toutefois, est certaine : c'est à nous, à chacun de nous, de parvenir à apprécier notre séjour sur terre, quelle que soit la durée du voyage !

Qu'est-ce que la vie ?

Une vie nous a été donnée ; à nous de la mener comme bon nous semble… tant qu'elle dure.

Détendez-vous, apprenez à vous connaître. Essayez de comprendre la vie et le rôle que vous y jouez. Mais prenez votre temps.

Expirez le passé, inspirez l'avenir. La vie est longue ; la vie dure ce qu'elle dure. Et si l'on n'avait rien à faire, à quoi servirait de vivre ?

Le but de la vie,
c'est de vivre avec
un but.

La vie, ce sont des causes et des effets. Une vie sans cause est une vie sans effet.

La vie a-t-elle un but ? La réponse est oui, tant que nous sommes en vie.

Recadrez votre perception, vous verrez votre place dans le grand ordre des choses.

Le miracle, ce n'est ni de voler dans les airs, ni de marcher sur l'eau, mais de marcher sur terre.

Si vous vous levez avec pour seule idée de changer le monde ou de l'améliorer, préparez-vous à souffrir.

Réveillez-vous avec le désir de jouir du monde – ainsi jouirez-vous de la vie dès votre réveil.

Le moment venu, nous devons quitter cette vie sans laisser une once de talent inutilisée. Nous devons utiliser tous nos dons : impossible de les emporter avec nous.

La plupart des gens, ce sont les autres. Leur opinion est celle d'un autre, leur vie une imitation, leurs passions des citations.

Oscar Wilde

La vie, ce sont quelques milliards de cellules provisoirement réunies. Laissez-les en paix, et profitez de chaque instant !

Quand on a un « pourquoi » dans la vie, on peut supporter presque tous les « comment ».

Qui passe sa vie à chercher le sens de la vie ne parviendra pas à vivre.

Certains prennent leur vie pour un trampoline en béton.

Quand vous découvrez que votre vie appartient à nul autre que vous, elle devient une pièce de monnaie rutilante, à dépenser à votre guise. Mais vous ne la dépenserez qu'une fois.

Un peu de soleil,
de liberté, et
quelques fleurs :
voilà votre
ordonnance pour
aujourd'hui.

Ne rejoignez pas la
cohorte des
dépressifs qui
commencent leurs
journées comme une
foire d'empoigne.

La vie est une banale énigme.
Nous la rendons redoutable en voulant bêtement la résoudre.

Le mal du siècle, c'est la peur de vivre.

La vérité cachée de la vie, c'est qu'il n'y a pas de vérité cachée.

La vraie richesse, c'est la vie elle-même.
Consommez-la, savourez-la.

On parle du coût de la vie, mais que dire du coût de la non-vie ?

C'est un fait : la vie doit rester populaire, quel que soit le coût de la vie.

La vie a une
fâcheuse tendance
à observer de loin,
les doigts de pied en
éventail, nos efforts
pour comprendre
les choses.

Le monde est un théâtre… Il suffit de comprendre la pièce.

Pour un enfant, la journée est réussie quand son pantalon est bien sali aux genoux.

Certains se laissent vivre, espérant juste s'habituer à la vie.

Décidez maintenant
que la fin de votre vie
ne sera pas faite de
regrets.
Ou au moins, que vos
regrets soient justifiés.

Entre nous, et l'enfer
ou le ciel, il n'y a que
la vie entre deux, qui
est la chose au
monde la plus fragile.

Blaise Pascal

À la naissance nous sommes nus, trempés et affamés. Sommes-nous dignes de vivre si nous pensons que, depuis ce jour, tout va en empirant ?

La vie, c'est la musique d'un bel opéra dont nous écrivons le livret.

Dieu verse la vie dans la mort et la mort dans la vie, sans en perdre une goutte.

Pourquoi la vie nous inflige-t-elle efforts et souffrances ? À côté d'un moment de grand amour ou du bonheur de respirer par une belle journée, cela ne pèse pas lourd.

Chaque jour est une nouvelle page du scénario de la vie.

La vie n'a de sens que si nous l'échangeons contre quelque chose.

Pouquoi vous torturer ? Si c'est ce que vous voulez, la vie le fera pour vous.

Il n'est d'autre richesse que la vie.

John Ruskin

Le prix de toute chose est la part de vie que vous donnez en échange.

Vous ne trouverez pas le but de la vie
en demandant à quelqu'un.
Le seul moyen d'avoir la réponse,
c'est de ne pas demander.

La voie directe vers le malheur : se
demander pourquoi on est malheureux.

Le monde ne nous doit pas la vie…
il était là le premier.

Pourquoi sommes-nous si nombreux
à rechercher un thérapeute ?
Le meilleur thérapeute, c'est la vie.

Trois petits mots résument un million de questions : la vie continue.

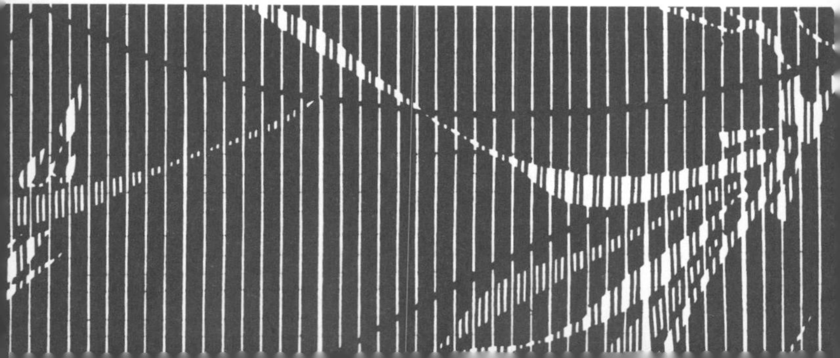

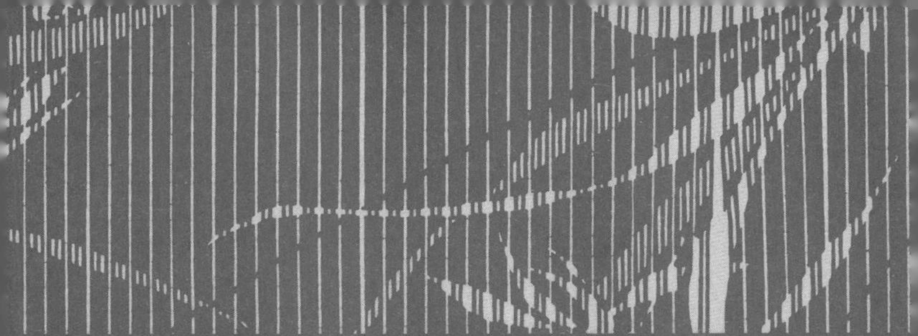

Notre problème est de chercher un livre de vie dont les réponses soient inscrites à la fin.

Si A désigne le succès, la formule est : $A = X + Y + Z$;
X étant le travail, Y le jeu, et Z, taisez-vous.

Albert Einstein

Parfois, les questions sont plus importantes que les réponses.

Il faut donner un sens à sa vie, et non attendre qu'elle nous le livre.

S'il est une chose que nous offre la vie, c'est de pouvoir contempler les étoiles.

Sur cette vaste étendue qu'est la vie, tout ce que nous pouvons connaître, c'est l'étendue de notre ignorance.

La science cherche les réponses en observant dans le microscope ; et si la réponse était dans l'oculaire ?

Entre une longue vie et un bon dîner, il y a une seule différence : dans un dîner, les sucreries viennent à la fin.

Robert Louis Stevenson

Dans la vie, il est toujours plus facile d'entrer que de sortir.

La rencontre de la vie et de l'avenir, voilà ce qu'il nous faut attendre de chaque jour.

On pense que la bonté attire les faveurs de la vie. Autant expliquer à un taureau furieux que vous êtes végétarien.

Certains jours, le meilleur élixir de jouvence, c'est une visite chez l'esthéticienne.

Quand nous sommes bien dans notre peau, nous sommes bien dans le monde, et bien dans la vie.

Certains ont peur de vivre leur vie, parce qu'ils ont peur de mal s'y prendre.

Quand je vous aurai répété que la vie est un enfant qu'il faut bercer jusqu'à ce qu'il s'endorme, j'aurai dit tout ce que je sais.

Voltaire

La vie est une comédie jouée par des tragédiens.

Ne pas être mort, ce n'est pas être vivant.

E. E. Cummings

**N'importe qui vous dira qu'il faut prendre la vie au sérieux.
Mais pourra-t-il en donner la moindre preuve ?**

Évitez de vivre en regardant vers le passé : la vie pourrait surgir devant vous.

L'endroit le plus éloigné de nous, c'est hier.

L'endroit le plus hors d'atteinte aujourd'hui, c'est demain.

À quelle quantité de passé pouvez-vous vous accrocher en gardant de la place pour le présent ?

Aucun trésor au monde ne fera remonter le temps.

Si vous êtes pris de nostalgie, faites comme si aujourd'hui était déjà passé, et pensez-y avec nostalgie.

Certains choisissent de vivre leur vie comme un moyen d'éviter la mort.

Le passé n'est qu'un mode d'emploi pour l'avenir.

Le bonheur d'hier finit dans les larmes si nous ne l'oublions pas dans le bonheur d'aujourd'hui.

Qu'y a-t-il de si bon dans le bon vieux temps ?

Un beau soir l'avenir
s'appelle le passé
C'est alors qu'on se
tourne et qu'on voit
sa jeunesse.

Louis Aragon

À regarder hier d'un œil et demain de l'autre, vous louchez aujourd'hui.

Trop de gens tombent sur leur
avenir en cherchant leur passé.

Certains vivent aujourd'hui en
portant le fardeau de tous les hier
et de tous les demain.

Rien n'a plus de valeur
qu'aujourd'hui. Maintenant.

Notre passé et notre avenir sont
solidaires,
Nous vivons dans notre race
et notre race vit en nous.

Gérard de Nerval

Il n'y aura pas d'éternité si vous choisissez de ne pas vivre aujourd'hui.

Combien de « maintenant » y a-t-il dans « toujours » ?

On ne peut vivre vraiment heureux que si on choisit de vivre au jour le jour.

Considérez chaque jour comme un cadeau. C'est pour cela qu'aujourd'hui s'appelle le présent !

Sans erreurs, la vie serait d'un ennui !

Quand une journée est terminée, refermez-la sur vos erreurs, pour ne pas commencer la suivante en portant le passé comme un fardeau.

Hier ne finira que demain, et demain
a commencé il y a dix mille ans.

William Faulkner

Le présent, c'est ce qui est, et c'est tout ce qui est.

Le monde est plein de gens qui se préparent à vivre, mais qui ne vivent jamais vraiment.

Soyez un enfant. Les enfants profitent du présent.

La préoccupation de ce qui pourrait être ou avoir été nous coûte cher : manquer ce qui est.

Regardez-vous le passé avec colère ?
Avancez-vous dans la peur ?

L'anxiété est notre passerelle vers l'avenir. La dépression, notre passerelle vers le passé.

Les deux voleurs de vie sont le regret et la peur. Si nous regrettons le passé et craignons l'avenir, nous serons écartelés entre les deux.

Sans un certain degré d'indépendance, aucune vie ne sera vécue suffisamment.

Celui qui est bien dans sa tête peut vivre le moment présent.

Je ne pense jamais à l'avenir : il arrivera bien assez tôt.

Albert Einstein

Si on vit pour le lendemain, la vie sera toujours à un jour de notre portée.

L'avenir commence
maintenant…
et maintenant…
et maintenant…
et…

Si l'avenir vous déprime, faites des confitures. Hier aura ainsi un goût sucré, que vous apprécierez demain, c'est-à-dire maintenant.

Si nous traversons un jardin en rêvant de belles floraisons, nous oublierons de respirer le parfum des roses avant qu'il ne soit trop tard.

Demain ne nous concerne pas aujourd'hui. C'est un sanctuaire inviolable.

Si Dieu avait voulu que nous puissions voir où mènent les chemins de l'avenir, Il n'aurait pas fait la terre ronde.

Ne dédaigne pas
ce qui est proche
en visant ce qui est
lointain.

Euripide

La vie n'est pas la destination ; elle est le voyage.

Nous ne naissons qu'une fois, il n'y a pas de seconde naissance dans la vie.

Vous n'êtes pas maître de demain.

La forme d'amour la plus néfaste, c'est l'amour de l'argent.

La forme de vie la plus accomplie, c'est l'amour de la vie.

Aucune joie digne de ce nom ne s'obtient par les richesses.

L'honnête homme se sent en paix. Le malhonnête a toujours des raisons d'être anxieux.

Ne remettez pas votre bonheur à plus tard, c'est votre vie qui serait remise à plus tard.

Il ne faut pas de tout pour faire
un monde.
Il faut du bonheur et rien d'autre.

Paul Eluard

Le retard est du temps perdu ; en perdant ce temps, nous en manquons pour nos loisirs.

On peut savourer un instant de gloire éphémère, ou rester dans l'ombre pour toujours.

Personne ne peut mieux que faire de son mieux.

Personne ne peut devenir meilleur qu'il n'est, sans d'abord devenir ce qu'il est.

Écoutez les autres : ils ont beaucoup à vous apprendre sur votre vie.

Nous avons tous le droit d'être ici.

Inutile d’être Einstein pour comprendre que, dans la vie, ce qui peut se compter ne compte pas toujours. Et ce qui compte ne peut pas toujours être compté.

Qui a l’esprit en paix ne trouble ni lui-même ni les autres.

Ne laissez pas des désirs insatiables ruiner votre précieuse vie.

Le plaisir est accessible ici et maintenant.

Laissez-vous guider par votre cœur.

Les malheurs viendront et ils passeront. C'est la vie.

Pourquoi s'en faire ?

Que faire pour jouir d'une longue vie ? C'est une des éternelles questions de l'humanité.

La vie se passe à demander :
Qu'est-ce qu'exister ?

La vie se passe à demander :
Pourquoi y a-t-il quelque chose plutôt que rien ?

La vie se passe à demander :
Pourquoi le monde est-il ainsi ?

La vie se passe à demander :
D'où vient tout cela ?

La vie se passe à demander :
Où va tout cela ?

La vie se passe à demander :
D'où venons-nous ?

La vie se passe à demander :
Qui sommes-nous ?

La vie se passe à demander :
Où allons-nous ?

La vie se passe à demander :
Quelle est la finalité de tout cela ?

La vie se passe à demander :
Y a-t-il un Dieu ?

La vie se passe à demander :
Qu'est-ce que le bien et le mal ?

La vie se passe à demander :
Qu'est-ce que le savoir ?

La vie se passe à demander :
Qu'est-ce que la vérité ?

La vie se passe à demander :
Qu'est-ce que la conscience ?

La vie se passe à demander :
Avons-nous un libre arbitre ?

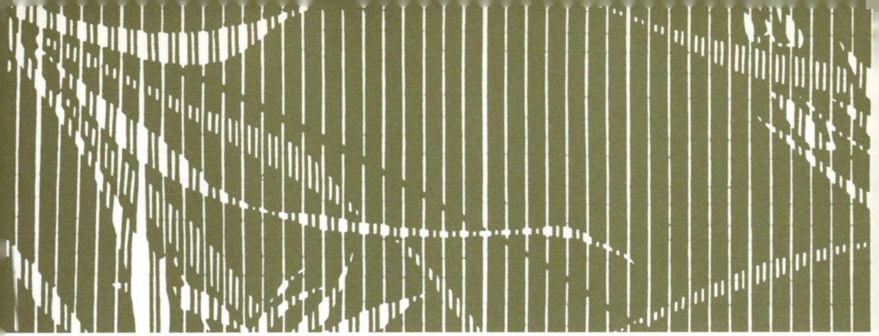

La vie se passe à demander :
Comment faut-il agir ?

La vie se passe à demander :
Comment pouvons-nous être heureux ?

La vie se passe à demander :
Quelle est le sens de la vie ?

La vie se passe à demander :
Qu'est-ce que la mort ?

La vie se passe à demander :
Qu'y a-t-il après la mort ?

Et, bien sûr, la reine des questions : Pourquoi la vie n'est-elle pas éternelle ?

Nous sommes programmés par l'évolution pour nous reproduire, vieillir, et mourir. C'est tout ce qui nous est imposé. Le reste dépend de nous.

Au cours de la vie, notre corps se détériore et nous implorons le miracle de l'immortalité biologique.

Pourquoi nous est-il impossible d'accepter l'unique certitude : nous devons tous mourir ?

Le désir de vivre longtemps n'est que le désir de retarder l'inéluctable.

Pourquoi craindre l'avenir ? Il n'arrive qu'un jour après l'autre.

Si nous voulons vivre longtemps, il nous faudra échanger nos problèmes imaginaires contre des vrais. Un océan de soucis deviendra alors un charmant ruisseau facile à traverser.

Arrachez vos problèmes de vos pensées… par les oreilles, par les talons, ou par n'importe quel moyen.

Mark Twain

Tout, dans l'avenir, n'est pas à redouter.

Les soucis sont des clous qui crèvent les pneus du bonheur.

Quand vous vous retournez dans votre lit avec vos soucis, ne vaudrait-il pas mieux vous lever et faire quelque chose d'utile ? Par exemple, cuire du pain ou faire des gâteaux.

Souvenez-vous qu'aujourd'hui est le demain qui nous préoccupait hier.

Les malheurs les plus durs à supporter sont ceux qui n'arriveront jamais.

Reposez-vous dans la paix
de l'inattendu.

Reposez-vous dans la grâce
du monde.

Vous souvenez-vous de ce qui vous
préoccupait il y a une semaine ?
Un mois ? Un an ? Dix ans ?

Les soucis ne sont pas des alliés
sûrs.

La peur est la première cause de la superstition et une des principales causes de la cruauté. Vaincre la peur est le début de la sagesse.

Bertrand Russell

Ne gâchez pas votre vie à construire des ponts que vous ne traverserez jamais.

La pire des fautes, c'est celle que nous avons peur de commettre.

Les démons de notre esprit sont bien plus terrifiants que ceux que nous rencontrons dans la vie, si jamais nous en rencontrons.

On rencontre sa destinée
Souvent par des chemins qu'on prend pour l'éviter.

Jean de La Fontaine

Si vous
voulez
gâcher
votre
vie,
faites-
vous du
souci.

Qui rêve d'une vie sans stress doit cesser de vouloir régenter le monde.

Certains sont convaincus que le seul moment où ils sont vraiment occupés est celui où ils sont préoccupés.

Laissons tomber les ennuis passés et les ennuis à venir pour supporter les ennuis de maintenant.

Tant que le cœur bat,
pourquoi s'en soucier ?
Quand il s'arrête,
pourquoi s'en soucier ?

Réveillez-vous et regardez le jour nouveau – il n'y a pas à se soucier d'hier, il y a peu à se soucier de demain, vous êtes donc libre de vivre aujourd'hui.

Échangez la fatigue d'un jour de soucis
contre une semaine de dur labeur,
et vous verrez peu de changement.

Les soucis sont
ennemis de la vie.

L'insouciance
est amie de la vie.

Les soucis s'infiltrent en nous comme du poison.

Demandez à un vieillard combien de soucis l'ont touché, puis demandez-lui combien d'ennuis se sont réellement produits.

Parmi les ennuis, neuf sur dix
n’en sont pas vraiment.

**Il y a tant de gens dont
la joie est si immonde
et l'idéal si borné, que
nous devons bénir notre
malheur, s'il nous fait
plus dignes.**

Gustave Flaubert

L'anxiété commence en ruisseau dans l'esprit, puis devient un torrent de peur si on laisse faire, et finit par déborder en submergeant toutes nos pensées.

L'homme souffre plus en imagination qu'en réalité.

Il n'est pas bon de vivre en craignant tout ce qui pourrait nous arriver.

Le grand anxieux s'angoisse de voir la vie passer à côté de lui, ce qui l'angoisse encore plus.

Les choses ne sont pas si doulou-reuses ni difficiles d'elles-mêmes ; mais notre faiblesse et lâcheté les fait telles.

Michel de Montaigne

Rien, dans les affaires de l'homme, ne mérite une grande anxiété.

Platon

La vie est faite de tensions. Nous ne sommes pas mûrs tant que nous ne l'avons pas admis.

Le meilleur moment pour se détendre : quand on a l'impression de ne pas en avoir le temps.

À vouloir gagner sa vie, on en oublie souvent de la vivre.

Si nous n'y prenons pas garde, nous passerons la moitié de notre vie à chercher des méthodes pour gagner du temps, qui en général ne marcheront pas.

Le travail est deux fois plus important pour ceux qui souffrent de dépression nerveuse.

Prenez le temps de
faire une pause et
d'observer.

Plus la vitesse est
grande, plus la mort
est rapide.

Nous vivons dans un monde brutal et complexe, qui cherche constamment à nous couper du rythme de la nature. Donnons-nous une chance de retrouver notre rythme de vie.

Les loisirs sont étroitement liés à l'âme.

Comment a-t-on pu nous faire croire que rester allongé sur le dos dans les hautes herbes, à contempler les nuages par une belle journée d'été, c'était perdre son temps ?

Qui prétend que le repos est de l'oisiveté ?

Celui qui n'a pas cessé de travailler un seul jour dans sa vie est mort avant son heure.

Inspirez.
Expirez.
Repos.
Inspirez.
Expirez.

Souvenez-vous que certaines choses sont vraiment importantes, d'autres non. Attention de ne pas les confondre.

Si je devais mourir tragiquement, j'aimerais que mes proches déguisent la tragédie en comédie et s'efforcent de trouver quelque humour à cet événement.

L'homme a reçu l'imagination pour compenser ce qu'il n'est pas ;
et l'humour, pour le consoler de ce qu'il est.

Francis Bacon

Ne vivez
ni une fiévreuse
anticipation, ni
une douce nostalgie.
Vivez maintenant.

La vie est une opportunité –
essayez d'en profiter.

La vie est une beauté –
pourquoi ne pas l'admirer ?

La vie est un rêve –
réalisez-le.

La vie est un défi –
relevez-le.

La vie est un devoir –
à accomplir.

La vie est un jeu –
allez, on joue !

La vie est une promesse –
à tenir.

La vie est
un chagrin –
vous le
surmonterez.

La vie est
une chanson –
venez la
chanter.

La vie est un combat –
acceptez-le.

La vie est une tragédie –
à affronter.

La vie est une aventure –
osez la vivre.

La vie est une chance – tentez-la, misez votre vie.

La vie est votre vie – alors battez-vous pour elle.

On a la dimension des rêves
que l'on ose vivre.

Soyez heureux tant que vous vivez,
vous êtes mort depuis longtemps.

Proverbe écossais

Pensez. Vous aurez une occupation quand votre ordinateur sera en panne.

Le temps, c'est le moyen que la nature a trouvé pour empêcher les choses d'arriver tout de suite.

L’excès n’est jamais bon dans la vie.
Il vaut mieux prendre les choses avec modération.

Vous verrez ce que vous croyez.

Nous pouvons tous rester jeunes d’esprit – même si le reste vieillit un peu.

Ne
regrettez
pas de
vieillir – tout
le monde
n'a pas ce
privilège.

L'éducation vient en lisant les bons livres. L'expérience vient en ne lisant pas les bons livres.

Si l'ignorance est un bonheur, pourquoi n'y a-t-il pas plus de gens heureux ?

Si ce n’est ni utile, ni beau, cela n’a pas sa place dans votre vie.

Si ceux qui savent ne parlent pas, ceux qui ne savent pas parleront.

Ne montrez jamais à un ordinateur que vous êtes pressé.

Ne courez jamais derrière un bus, ni derrière quelqu'un. Il y en aura toujours un autre.

Ce que nous possédons est déprécié par notre envie de ce que nous ne possédons pas.

Certains font arriver
les choses ;
certains les
regardent arriver ;
et d'autres se
demandent à la fin
de leur vie :
« Qu'est-il arrivé ? »

Ce que vous avez maintenant a d'abord été ce que vous espériez.

Au cours de notre vie, ne faisons rien dont nous puissions craindre que ce soit connu des autres.

La peur et les soucis grignotent la vie jusqu'à ne plus laisser qu'une coquille vide.

Le vaincu apprend toujours plus que le vainqueur.

On gâche parfois sa vie en priant pour des choses qu'on aurait pu obtenir soi-même.

Rien ne suffit à celui qui considère que « assez » ne suffit pas.

Toutes les discussions, courtes ou longues, aboutissent au même résultat.

Apprentissage et plaisir marchent la main dans la main.

Les choses qui nous sont le plus bénéfiques ne sont pas toujours celles que nous comprenons le mieux. Humilité et simplicité sont les vrais attributs d'une vie longue et heureuse.

Ne laissez rien enfoui en vous. Partagez vos peines et vos joies avec les autres.

Tempérez vos désirs ; ayez des besoins modestes.

On ne peut enrichir ce qui est avec l'idée de ce qui aurait pu être.

Quand les choses vont de travers, nous devons choisir : les suivre, ou non.

Si vous dorlotez vos
soucis, ils grandiront.

Les pires douleurs
d'une vie de soucis
sont les malheurs
qui ne sont jamais
arrivés.

La tension,
c'est ce que vous
pensez devoir être.
La décontraction,
c'est ce que vous
êtes.

Proverbe chinois

Humour et courage

Il vivra longtemps, celui qui peut trouver amusant de marcher en public avec une démangeaison dans un endroit impossible à gratter.

L'humour rapproche les gens.

Nous devrions peut-être commencer la journée en chatouillant notre voisin.

Pourquoi ce qui semblait si terrible à un moment peut-il soudain paraître si drôle lors d'une période de calme ?

Quand nous pouvons voir le côté amusant de la vie, rancœur et irritation disparaissent et le jour devient lumineux.

Le sens de l'humour est un des meilleurs dons que l'on puisse posséder.

Si je n'avais pas le sens de l'humour, je me serais suicidé depuis longtemps.

Mahatma Gandhi

L'humour, c'est peut-être le bon sens qui se relâche un moment.

Déshabillez-vous, regardez-vous dans un miroir en pied, et essayez de ne pas rire trop fort.

Le rire est un de nos remèdes les plus efficaces.

Ceux qui peuvent aussi bien rire d'eux-mêmes que du reste du monde nous enterreront tous.

Le rire apprécie la compagnie.

Ce qui peut le mieux unir les gens, c'est l'humour.

Notre meilleure défense contre les démons et le tumulte de la vie, c'est le rire.

L'humour, c'est la raison qui se pince le nez devant le sérieux de la vie.

Plus d'une idée sérieuse a été proposée, et acceptée, par le biais de la comédie.

L'humour, c'est le désespoir qui refuse de se prendre au sérieux.

Au cours de leur vie, les gens sérieux envoient trop rarement tout promener.

Si, pendant cinq secondes, vous pouvez influencer une vie par l'humour, l'effet durera toute la vie.

L'humour nous fait penser, et quand nous pensons, nous vivons.

Il n'y a pas de comédie hors la vie.

La vie est une comédie ; notre erreur est de la vivre comme une tragédie.

De même que les soucis sont mauvais pour la santé, l'humour est dangereux pour nos maladies.

Quand nous ne trouvons pas la solution d'un problème, le mieux est d'en chercher le côté humoristique.

Vous affronterez mieux les peines et les drames de la vie si vous vous armez d'un sourire.

Vivre sans humour, c'est faire des claquettes pieds nus sur les pavés.

Le rire est le meilleur antidote au stress.

Sans un sourire, vous n'êtes pas complètement habillé.

Rien n'est plus libérateur que le rire.

Le plus beau cadeau que nous puissions nous faire, c'est le sens de notre propre ridicule.

Un sourire est le meilleur traitement de beauté contre le vieillissement.

Le rire est parfois notre meilleure défense contre la cruauté de la vie.

Il faut du courage pour dire « j'essaierai encore demain » quand on a échoué aujourd'hui.

Si nous avons de l'humour, nous aurons plus de courage dans la vie, et le courage nous permet d'utiliser nos autres qualités.

Être courageux, ce n'est pas ignorer la peur ; c'est juger par nous-mêmes s'il y a quelque chose de plus important que notre peur.

Nous nous trahissons nous-mêmes en cherchant en nous le courage d'un autre. Nous avons tous en nous notre propre courage.

Le courage qui manque le plus est le courage moral.

Vivre est en soi un acte de courage.

Ce n'est pas l'absence de peur qui nous mène jusqu'à la vieillesse. C'est la maîtrise de notre peur, et le fait d'avancer malgré cette peur.

Parmi les plus braves de tous les temps, certains ont refusé de tuer au cours des guerres.

Le courage, c'est avoir peur et continuer quand même.

Être trop stupide pour éprouver la peur, ce n'est pas être courageux.

Comment pouvons-nous avoir du courage si nous n'avons pas peur ?

Le héros peut aussi être traité de lâche s'il refuse de faire ce qui pourrait nuire aux autres.

Quand notre instinct de conservation nous fait défaut, on nous traite de casse-cou. Quand il agit normalement, on nous traite de lâche.

Être seul à savoir que vous avez peur, c'est parfois vivre lâchement.

Le courage ne voit pas au-delà du coin de la rue et continue quand même son chemin.

C'est dur de paraître courageux aux yeux d'un imbécile, quand on fuit un danger.

On ne peut pas fuir devant la vie.

Notre imagination est presque toujours notre pire ennemi dans la vie, et il faut souvent beaucoup de courage pour l'oublier et continuer.

Certains ont été à tort considérés comme des braves parce qu'ils avaient peur de fuir.

Le courage est le point auquel se mesurent toutes nos qualités.

Le courage dans la vie est un spectacle moins poignant que le courage des derniers instants ; mais il n'en est pas moins un somptueux mélange de triomphes et de tragédies.

John F. Kennedy

Il faut beaucoup de courage pour quitter ce qui est familier.

La bravoure est dans l'âme, pas dans les genoux.

La vie est dangereuse, sans aucun doute. Nous en gâchons une bonne part en voulant nous persuader qu'il n'y a pas de danger.

Renforcez votre détermination, pour avancer malgré le danger.

Le courage est la ferme détermination de la vertu et de la raison.

Cuirassez-vous contre les chocs de l'existence.

La meilleure preuve de maturité : ne pas avoir peur de vivre dans la peur.

La bravoure, c'est juste un changement dans les degrés de la peur.

La meilleure leçon de la vie : apprendre à craindre ce qui est à craindre et à ne pas craindre ce qui n'est pas à craindre.

Le courage, c'est savoir ce qui n'est pas à craindre.

Platon

Le courage, c'est crever de peur, et seller quand même son cheval.

John Wayne

Pas de courage sans optimisme.

La bravoure est sœur jumelle
de la nécessité.

Notre envie de vivre dépend parfois
de notre aptitude à mourir.

Le héros n'est pas plus courageux
qu'un autre ; il l'est seulement quelques
minutes de plus.

Nous vivons courageusement quand
nous ne laissons pas nos peurs guider
nos actes.

Il n'y a vraiment que les actions moralement bonnes qui donnent une gloire solide.

Restif de La Bretonne

Le courage est une forme de salut.

Platon

Pouvons-nous tester notre courage prudemment ? Impossible.

Ils ont du courage, ceux qui se savent fichus avant de commencer, et qui commencent quand même.

Ils ont du courage, ceux qui vont jusqu'au bout, peu importe de quoi.

Le plus courageux n'est pas toujours vainqueur.

Tout dépend du moment où vous avez peur : avant, pendant ou après !

Ayez le courage de vivre.
Mourir, tout le monde peut le faire.

Si vous parvenez à être ce que vous souhaitez, vous serez plus qualifié pour influencer la vie des autres.

Le Jugement dernier, c'est tous les jours.

Chacun peut porter son fardeau jusqu'au soir, quel qu'en soit le poids. Chacun peut faire sa journée de travail, quel que soit l'effort. Chacun peut mener une vie douce, patiente, amoureuse, pure, jusqu'au crépuscule. Voilà ce qu'est vraiment la vie.

Robert Louis Stevenson

Ceux qui ont « bon goût » sont souvent peu humains et pas vraiment vivants.

Ayez du courage pour les grandes peines de la vie.

Ayez de la patience pour les petites peines de la vie.

Accomplissez votre tâche quotidienne, et vous ferez votre devoir.

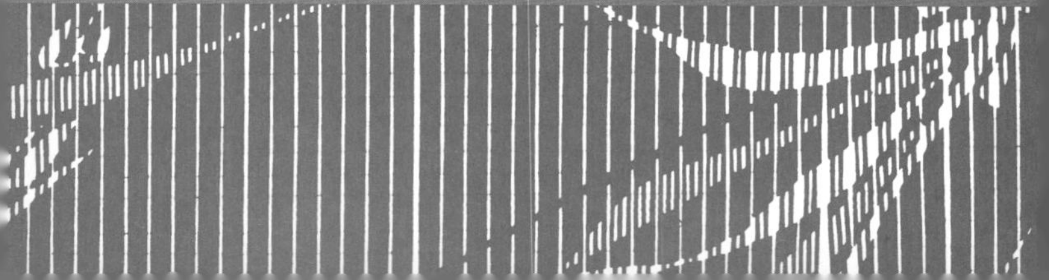

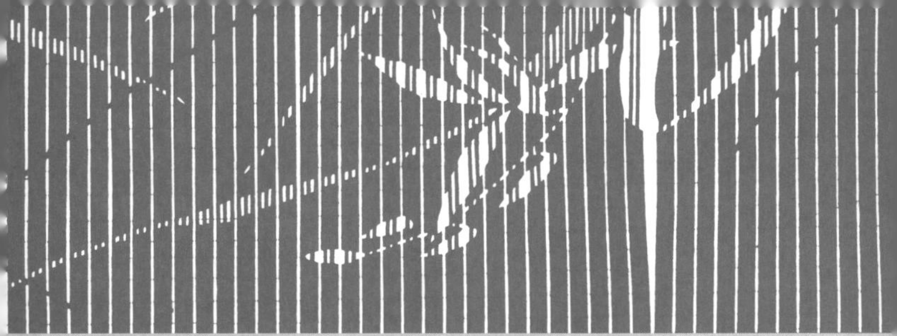

Allez vous coucher en paix, et vous vivrez en paix le tiers de votre vie.

Il vaut mieux bien faire que bien dire.

Si vous ne savez pas quoi dire… ne dites rien.

Vivez aujourd'hui ce qui est vrai.
C'est le mieux que l'on puisse faire.

Vivez aujourd'hui ce qui est vrai, même si la vérité d'hier se révèle erronée.

Dans la vie, il n'y a pas de liberté sans discipline.

Dans la vie, nous ne pouvons être libres que si nous maîtrisons nos désirs.

Notre vie est souvent influencée par l'opinion des autres sur nous, qui se fonde plus sur ce que nous disons des autres que sur ce que les autres disent de nous.

Les loisirs que nous apprécions le plus sont ceux que nous avons mérités.

Si les excuses étaient des clous, beaucoup de maisons s'écrouleraient.

Votre seule grande victoire est sur vous-même ; rien n'est plus honteux et infâmant que d'être vaincu par soi-même.

Platon

Ayez le courage de suivre votre propre voie.

La vie est une suite de combats, intérieurs et extérieurs. Pour survivre, choisissez des combats assez grands pour compter et assez petits pour gagner.

L'excès occasionnel est un stimulant. Il enlève à la modération l'effet amollissant de l'habitude.

Somerset Maugham

Les excuses sont trop souvent contredites par l'ajout de justifications.

On devrait toujours regarder les choses comme si on les voyait pour la toute première fois, ou la dernière.

Le temps que nous perdons avec plaisir, est-ce du temps perdu ?

Ayez le courage de suivre vos propres convictions. Ne vous laissez pas influencer par ceux qui parlent le plus fort.

Dans la vie, le raccourci est souvent plus long que le chemin normal. Sur la carte, il paraît plus rapide de gravir la montagne, mais mieux vaut la contourner.

Inutile d'expliquer votre vie : vos proches n'ont pas besoin d'explication, et vos ennemis ne vous croiront jamais.

On peut se croire autorisé à rejeter l'opinion des autres quand elle diffère de la nôtre, mais attention aux conséquences si les deux sont erronées.

N'acceptez jamais de compromis.

Ne rien faire est parfois un bon remède.

Hippocrate

Travaille à ton propre salut. Ne dépends pas des autres.

Bouddha

Mes ennemis, je les détruis en m'en faisant des amis.

Abraham Lincoln

Les vrais braves sont souvent ceux qui cachent leur courage.

Le vrai courage est silencieux.

Ayez le courage d'accepter votre vie, et l'humour d'y prendre plaisir.

Détendez-vous, riez, amusez-vous. Profitez de la vie : voilà ce qui est important.

Trois partenaires avec lesquels il ne faut jamais aller au lit : souci, stress et tension.

La liberté est le plus beau fruit de l'indépendance.

Il y a en chacun des gouffres si profonds qu'ils restent cachés même de nous.

Ayez le courage de tendre le bras vers la grandeur.

Souvenez-vous que vous êtes mortel, et que vous avez donc un quota de vie limité. Les questions de passé, présent, futur sont hors de portée de l'humanité.

Vivez votre vie de manière à pouvoir la quitter sur un cri de victoire.

Le courage d'une personne est souvent inversement proportionnel à sa force physique.

Il faut du courage pour pleurer.

Il faut parfois plus de courage pour écouter sans rien dire que pour se lever et crier.

Celui qui pense manquer de courage au long de sa vie doit savoir que le courage ne se manifeste pas toujours comme un gladiateur qui agite son glaive.

Il y a la vie ordinaire, et la vie extraordinaire. La seule différence entre les deux, c'est ce petit extra.

Que vos dernières paroles soient :
« J'ai bien vécu. »

Le temps, ce maître

Demain, et demain, et demain, Trottine à petits pas jour après jour.

William Shakespeare

La longueur d'une minute dépend de ce que vous êtes en train d'attendre.

Nous avançons tous dans la vie à la même vitesse : 60… minutes par heure.

Qu’est-ce que le temps ? Si personne ne me le demande, je sais ce que c’est. Si je veux l’expliquer à celui qui me demande, je ne sais pas.

Saint Augustin

Le temps est le meilleur de tous les conseillers.

Périclès

Nous manquons tous de temps. Le temps est pourtant ce que nous utilisons le plus mal.

Dans la vie, la plus longue distance entre deux points, c'est le temps.

Tous les jours, c'est Noël, avec son cortège de « présents ».

Le seul moyen de prédire l'avenir,
c'est de le créer.

Peu importe la taille de vos parents,
c'est à vous de faire votre croissance.

Installez votre chez-vous dans votre tête et emportez-le partout avec vous.

La vie est bien remplie quand on a le goût d'apprendre.

Quand vous enterrez la hache de guerre, ne gravez rien sur la tombe.

La vie est meilleure quand on a des amis dignes de confiance.

Il y a souvent plus de danger dans ce qu'on désire que dans ce qu'on craint.

Mieux vaut être bon pour les autres quand tout va bien, vous pourriez les recroiser quand tout va mal.

Connaissez vos faiblesses, ce sera une force dans votre vie.

Il n'est pas bon
de vivre en vous
sous-estimant,
alors que les autres
se surestiment.

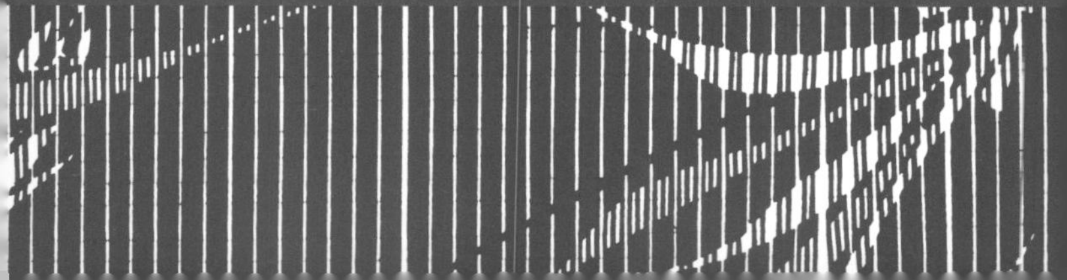

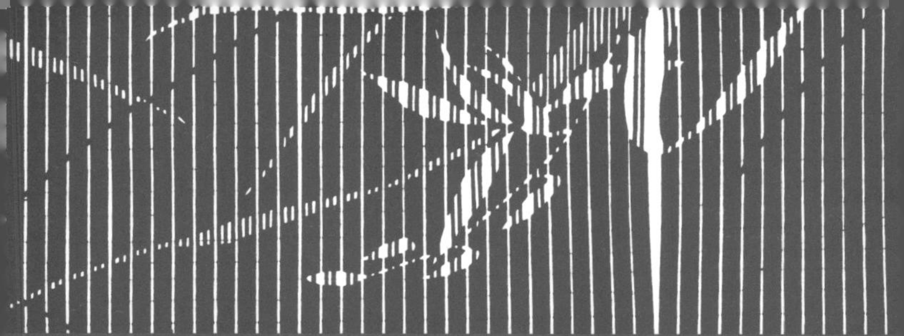

Il n'y a parfois rien de mieux que ce qu'on dit être mieux que rien.

Quand vous avez l'impression de tout savoir, il est temps de commencer à apprendre.

On n'est jamais aussi vivant que lorsqu'on apprend.

La meilleure chose que l'on puisse enseigner à quelqu'un, c'est la curiosité.

Prenez comme des virages les leçons de la vie, et votre vie deviendra un cercle fermé.

La vraie connaissance, c'est savoir l'étendue de son ignorance.

Confucius

On apprend plus en une seule conversation avec une personne intelligente qu'en des années d'études.

L'indifférence est la couverture qui étouffe l'humanité.

Une erreur réparée est beaucoup plus appréciée qu'une simple action.

Quand le disciple est prêt, le maître apparaît.

Proverbe bouddhiste

Il y a autant à désapprendre qu'à apprendre.

Une vie bien vécue remet en question tout le savoir, au lieu de le mettre sur un piédestal.

La seule histoire d'amour qui puisse durer toute la vie sans finir dans les larmes, c'est avec le savoir.

Exercez régulièrement votre cerveau avec des idées nouvelles ; il doit rester en forme autant que votre corps.

On passe sa vie à naviguer sur l'océan du savoir, en essayant de ne pas chavirer dans les tempêtes de l'information inutile.

Soyez attentif, et vous apprendrez quelque chose de nouveau tous les jours de votre vie.

Nous devons apprendre à désapprendre ce qui n'est pas vrai.

Ceux qui comprennent trop vite n'apprendront jamais rien.

Pour apprendre, nous devons redevenir des enfants.

Pour apprendre, abandonnez toute idée préconçue.

Pour que la vie nous mène quelque part, nourrissons notre sagesse avec les leçons apprises au long du chemin.

La vie se termine à l'âge où nous décidons de cesser d'apprendre.

Tout le monde peut voir l'océan du savoir depuis la rive de l'émerveillement ; mais bien peu ont le courage de se jeter à l'eau.

Nous avons peu à apprendre de ceux qui sont d'accord avec tout ce que nous disons.

Nous avons des leçons à apprendre de l'ordinateur. L'ordinateur peut apprendre, désapprendre et réapprendre sans faire intervenir son ego.

On apprend beaucoup plus de la vie si on se bat pour trouver une réponse que si on nous donne la solution.

On ne comprend vraiment quelque chose que si on l'étudie sous tous les angles.

Si vous ne visez pas un but, vous ne verrez que des obstacles.

Visez la lune.

Ceux qui savent exactement où ils vont dans la vie ne risquent pas de finir ailleurs.

Vivez une vie bien remplie sur laquelle vous pourrez vous retourner en regardant ce que vous avez fait, et non une vie sur laquelle vous vous retournerez en regardant ce que vous auriez pu faire.

Si on n'envisageait que ce qui est possible, bien des exploits parmi les plus impossibles n'auraient jamais été réalisés.

Vous devez fabriquer une porte avant que l'opportunité ne puisse venir frapper.

Un
projet
de vie
est un
rêve
avec
une date
limite.

Comment savoir jusqu'où on peut aller dans sa vie si, de temps en temps, on ne prend pas le risque d'aller trop loin ?

On passe sa vie à créer des opportunités et à en trouver parfois en cours de route.

Une échéance est utile à ceux qui manquent d'inspiration.

Vous pouvez monter sur l'échelle de la vie pour accéder au sommet mais, là-haut, il faut continuer à monter.

Dans le sommeil, vos rêves semblent vrais mais, pour les réaliser, vous devez vous réveiller et vous lever.

Quand vous donnez des ailes à vos idées, n'oubliez pas d'ajouter un train d'atterrissage.

Il y a de grandes choses que nous ne pouvons pas faire, et des petites que nous refusons de faire. L'important est de ne pas ne pas faire.

Si la vie vous laisse faire, qui pourra vous arrêter ?

La vie est pleine d'illusions d'optique.
La vie est pleine d'obstacles.
La vie est pleine d'illusions d'obstacles.
La vie est pleine.

Arrive-t-il un moment où il est trop tard
pour devenir ce qu'on aurait pu être ?

La vie semble faite à 99 % de
changements de dernière minute.

Le succès tient à 70 % dans
le fait d'être présent.

Woody Allen

On gâche souvent sa vie en restant assis à se demander comment vivre plus longtemps.

Ce qui est impossible pour l'un est un défi pour l'autre.

L'aventure suit la vision.

Je cherche des hommes qui aient une capacité infinie de ne pas savoir ce qui est infaisable.

Henry Ford

Si nous mettions autant de temps à apprendre le métier que les ficelles du métier, nous ferions mieux de nous reposer.

Il y a rarement des raccourcis vers les endroits dignes d'intérêt.

Si nous sommes honnêtes avec nous-mêmes, nous faisons ou ne faisons pas. Essayer de faire ne signifie rien.

Souvent, ce sont les règlements qui gênent la réussite.

L'homme craint rarement la distance : c'est le premier pas qui lui fait peur.

Entre folie et génie, la frontière est très mince… De nos jours, on peut réussir avec les deux.

Si vous avez construit des châteaux en Espagne, gardez-les : c'est là qu'ils doivent être. Et maintenant, allez faire les fondations.

Henry David Thoreau

La tempête du faire est toujours suivie par le calme du fait.

La plupart des gens réussiraient dans les petites choses s'ils n'étaient pas aussi résolument ambitieux.

On gâche sa vie si on la passe à bien faire ce qui n'aurait jamais dû être fait.

Dans le jardin des problèmes, occupez-vous des racines.

On est souvent obstiné dans la poursuite du chemin qu'on a choisi, rarement dans celle du but.

Friedrich Nietzsche

Même si nous ne sommes pas où nous allons, au moins ne sommes-nous pas où nous étions.

Le but d’une personne est
le point de départ d’une autre.

Les jeunes exaspèrent leurs aînés, génération après génération, en tentant l’impossible, et en réussissant.

Si vous voulez frapper la cible, visez un peu au-dessus : en vol, la flèche subit l'attraction terrestre.

Henry Wadsworth Longfellow

On peut rater la cible en visant trop haut, ou en visant trop bas.

Comment fais-je autant de choses ? Pourquoi en faites-vous si peu ?

Regardez dans l'histoire les choses extraordinaires qu'une personne peut accomplir dans sa vie, et inspirez-vous-en.

Quand nous sommes jeunes, nous nous cherchons et laissons les autres nous montrer qui nous sommes, au lieu de nous poser les questions auxquelles nous seuls pouvons répondre.

Votre vie ne sera pas longue si vous la menez comme si elle devait toujours durer.

La personne la plus importante à ne pas duper, c'est vous-même.

Je ne suis autre que moi-même.

Parmi ceux qui vivent longtemps,
peu échappent au sentiment d'avoir eu
une vie faite pour un autre.

Et souvenez-vous : peu importe
où vous allez, vous êtes là.

Confucius

La vie est un voyage,
vous seul tenez la carte.

Nous gâchons notre vie quand nous passons plus de temps à essayer d'être une pâle imitation des autres qu'à devenir nous-mêmes.

Si nous n'y prenons pas garde, nous passerons tellement de temps à dissimuler aux autres notre vrai moi que nous ne le trouverons jamais nous-mêmes.

Nous ne sommes pas tous nés poètes, mais nous sommes tous un poème.

Chacun perd un peu de sa vie à essayer de montrer des qualités qu'il n'a pas.

Vous reconnaîtriez-vous, si vous vous rencontriez vous-même dans la rue ?

Le premier pas vers une longue vie : décider maintenant de ne pas être quelque chose, mais quelqu'un.

Apprenez à être ce que vous êtes, débarrassez-vous de ce que vous n'êtes pas.

Odieux comme l'Enfer est celui qui cache une chose dans son cœur et en exprime une autre.

Homère

Il n'y a qu'une vie pour chacun de nous : la nôtre.

Euripide

C’est votre vie :
ne laissez personne
la définir.

C’est votre vie : ne soyez pas
une victime.

C’est votre vie : ne perdez pas
une seconde.

C’est votre vie : définissez-vous
vous-même.

C’est votre vie : ne vous laissez jamais
coincer entre silence et soumission.

Quand vous exprimez vos sentiments réels, il n'y a pas de place pour les excuses.

Si Dieu m'avait voulu autre, il m'aurait créé autre.

Johann Wolfgang von Goethe

Où que tu ailles, vas-y avec tout ton cœur.

Confucius

Montrez-vous au monde tel que vous êtes.

L'horloge est un instrument de torture, qui assassine le temps et vole la vie avec son tic-tac.

Tuer le temps est une insulte à l'éternité.

On ne tue pas le temps.
C'est le temps qui nous tue.

On dit que le temps passe ; mais c'est nous qui passons à côté. Le temps reste ; c'est nous qui avançons.

Les heures les plus courtes sont celles entre le travail et le sommeil.

Si nous pouvions rendre important chaque instant de notre vie, nous irions droit vers une longue vie.

Le plus riche est celui qui utilise le temps que perdent la plupart des gens.

Il nous faut du courage pour grandir et devenir ce que nous sommes.

N'essayez pas d'être tout pour tout le monde.
Commencez par être vous-même pour vous.

Le temps nous traite tous à égalité. Peu importent la richesse, l'influence et le pouvoir, la durée du jour est la même pour tous.

L'opportunité se cache dans les endroits les plus inattendus.

La prochaine fois que vous pensez manquer de temps, dites-vous que votre journée n'est pas plus courte que celle de Michel Ange, de Léonard de Vinci, d'Einstein…

Le temps, dit-on,
est un bon maître.
Tôt ou tard,
pourtant, il tue
tous ses élèves.

Jeunes et vieux

Nous venons tous au monde avec le besoin d'être aimés, et nous le gardons toute notre vie.

On passe sa vie à chercher des baisers et du sens.

Un bébé n'est pas un objet.

Un bébé est notre meilleur lien avec l'avenir.

L'homme peut naître mais, pour naître, il doit d'abord mourir et, pour mourir, il doit d'abord s'éveiller.

Georges Gurdjieff

Je suis né. Ne le dites pas à voix basse.
Pensez à la grandeur de l'événement.
C'est la création d'une âme immortelle !

Ce que d'autres ont commencé avant nous est maintenant à nous.

En venant au monde, nous crions parce que nous arrivons sur cette vaste nef des fous.

William Shakespeare

Quand nous cherchons à prolonger notre enfance, la vie devient plus difficile.

L'enfance est une ouverture dans le mur du jardin, vers le mystère et la magie du monde futur.

Nous oublions beaucoup de choses de notre enfance, mais jamais les images ni les histoires.

En quoi l'enfant est-il si différent de l'adulte ? Il s'amuse.

Les enfants ne sont pas idiots. Ils voient la différence entre un jouet électrique et un aspirateur.

Bonheur et enfants
vont de pair.

L'enfant a confiance
en la vie.

Il n'y a pas
de meilleur
investissement
que de placer
du lait dans
des bébés.

Winston Churchill

Au lieu de critiquer les enfants, nous ferions bien mieux de leur donner les modèles nécessaires à leur vie.

Le meilleur moyen d'obtenir quelque chose, c'est d'interdire à un enfant de le faire.

Le pire pour un adulte, c'est d'être détesté par les enfants.

Les enfants apprennent beaucoup plus des adultes en les regardant vivre qu'en les écoutant parler.

L'adulte apprend du petit enfant, parce que son cœur est pur. Le Grand Esprit peut donc lui montrer tout ce que les aînés ne voient pas.

Aigle Noir

Il est dangereux de confondre les enfants avec des anges.

Que le mal nous façonne, il faut bien l'accepter. Mieux est de façonner le mal à notre usage, et même à notre commodité.

Colette

Les enfants qui méritent le moins notre amour sont ceux qui en ont le plus besoin.

À un certain moment nous retournons en enfance, comme on dit, mais notre jeunesse ne se vit qu'une fois.

Notre problème est d'oublier trop facilement ce qu'est un enfant. Les enfants sont aussi imprévisibles que les adultes sont incohérents.

Un enfant mal éduqué est un enfant perdu.

John F. Kennedy

Nous donnons trop souvent aux enfants des réponses, au lieu de leur donner des problèmes à résoudre.

Il faudrait se soucier
un peu moins des
enfants et un peu plus
du monde que nous
leur préparons.

**L'enfant construit
l'homme.**

Où sont les enfants,
là est l'âge d'or.

Novalis

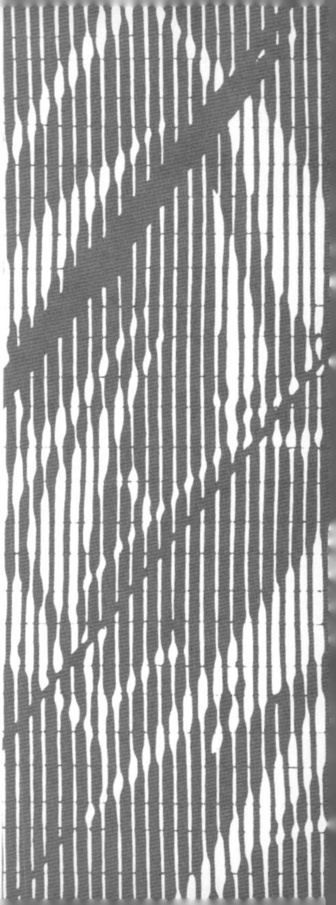

Il reste en l'homme
bien peu des
promesses de
l'enfant.

Ovide

On comprend que les enfants grandissent aux questions qu'ils posent : il devient possible d'y répondre.

Regarder les enfants grandir n'est jamais ennuyeux. C'est le lien avec notre propre enfance et tout le reste devient insignifiant.

L'éducation des enfants est un métier où il faut savoir perdre son temps pour en gagner.

Jean-Jacques Rousseau

Les enfants ont un talent incroyable pour accomplir avec plaisir les tâches qu'ils choisissent eux-mêmes.

Dans les grands pays, les enfants essaient de rester enfants et les parents veulent en faire des adultes. Dans les autres pays, les enfants veulent être adultes et les parents veulent les garder enfants.

John Ruskin

Les enfants souhaitent que les pères voient seulement avec leurs yeux ; les pères souhaitent que les enfants regardent avec leur jugement ; tous peuvent se tromper.

William Shakespeare

Pour un enfant, le voyage le plus banal devient une aventure.

Les adultes sont incroyables : ils feront tout pour leurs enfants, sauf rester mariés avec leur conjoint.

Regardez un enfant, vous verrez un monde de potentiel et d'aptitudes.

Les enfants sont les yeux de demain.

Méritez la confiance de l'enfant.

Si vous vous inquiétez de ce que votre enfant sera ou ne sera pas dans l'avenir, n'oubliez pas que l'enfant est déjà une personne.

La période la plus heureuse de la vie est sans doute la maturité, après les fougueuses passions de la jeunesse et avant les infirmités du grand âge ; comme les ombres qui s'allongent le matin et le soir, et disparaissent presque entièrement à midi.

Thomas Arnold

Le signe le plus net du vieillissement, c'est la solitude.

Les jeunes sont esclaves du rêve, les vieux sont prisonniers du regret. Le plus difficile est de vieillir sans regrets.

Vous avez l'âge que vous ressentez.

Pour bien faire, il faudrait entrer jeune dans la vieillesse.

Si tous ceux qui mentent sur leur âge avaient des enfants, il y aurait trois fois plus d'enfants illégitimes dans le monde.

Il n'y a aucun moyen de vivre longtemps sans vieillir.

Les hommes âgés protestent trop, consultent trop, s'aventurent trop peu, regrettent trop tôt, et font rarement le travail jusqu'au bout, mais se contentent de la médiocrité du succès.

Francis Bacon

Un bon moyen d'éviter de vieillir est de se dire que la vieillesse a toujours dix ans de plus que vous.

Le corps a beau vieillir, nous avons toujours seize ans dans notre esprit. C'est notre chance et notre drame.

Nous ne vieillissons pas, nous
devenons nous-mêmes.

J'espère ne pas vieillir au point
de devenir mystique.

Ingmar Bergman

En vieillissant, on apprend à troquer
ses terreurs contre des ricanements.

Cioran

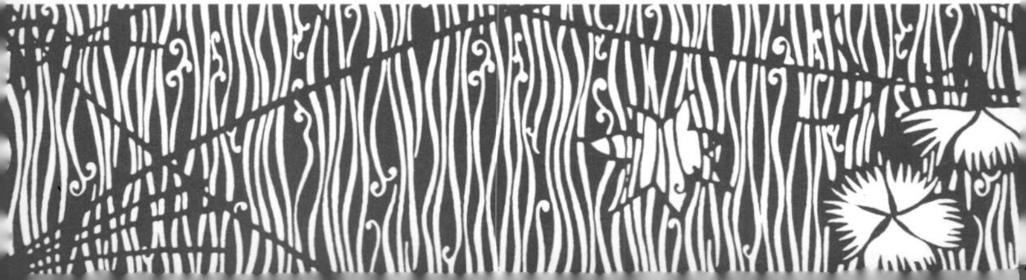

Faites de l'exercice, étudiez, aimez
– c'est ainsi qu'il faut vivre.

Vivre longtemps et bien finir sa vie,
c'est à la fois notre rêve et notre
souci.

Venez vieillir avec moi ! Le mieux
est encore d'exister.

Robert Browning

Chaque homme doit avoir ainsi toute sa vie un âge essentiel auquel il aspire aussi longtemps qu'il ne l'a pas atteint, auquel il s'accroche quand il l'a dépassé.

Michel Tournier

L'âge compte beaucoup pour certains, surtout en matière de vin ou de fromage.

Ceux qui pensent avoir tout appris, à un certain âge, ont du mal à s'en souvenir à partir de ce moment.

Avez-vous jamais observé combien les feuilles deviennent belles en vieillissant ? Voyez comme elles sont lumineuses et colorées dans leurs derniers jours.

Nous ne sommes pas ce que nous avons été – mais il faut s'en féliciter, et non s'en attrister.

Quand je compris que je n'étais plus un petit garçon, ce fut un des moments les plus sombres et les plus pénibles de ma vie. Je commençai alors à vieillir dans ma propre estime et, pour moi, l'âge n'est pas estimable.

Lord Byron

Les jeunes éteignent la lumière pour des raisons romantiques, les vieux le font pour des raisons économiques.

Quand vous considérez l'alternative, la vieillesse ne vous paraît pas mauvaise du tout.

Nous pouvons rester jeunes plus longtemps en surveillant notre régime, en prenant des antioxydants contre les toxines, en faisant régulièrement du sport ou du yoga, en apprenant des techniques de respiration et de méditation. Nous pouvons aussi nous laisser vivre.

Nul n'est assez vieux pour penser qu'il ne pourra vivre un an de plus.

Cicéron

L'âge est une question de sentiment, pas d'années.

Dans la vie, il n'y a que deux vérités : la compétence et l'incompétence.

Personne n'est aussi pitoyable et malheureux que le vieillard contraint à manger le pain noir de la dépendance.

La question du vieillissement n'est pas combien mais comment.

Au nom d'Hippocrate, les médecins ont inventé la torture la plus subtile jamais connue par l'homme : survivre.

Luis Buñuel

Ne comptez pas les années d'une personne, mais plutôt les choses qu'elle a faites pendant ces années.

Ceux qui aiment passionnément ne vieillissent jamais ; ils meurent peut-être de vieillesse, mais ils meurent jeunes.

Benjamin Franklin

En vieillissant, nous ne retombons pas en enfance, comme on dit ; nous devenons de vrais enfants.

Johann Wolfgang von Goethe

Quand nous commençons à ne plus nous aimer nous-mêmes, nous devenons une minorité opprimée.

L'esprit ne devrait jamais vieillir.

La valeur de la vieillesse dépend de la personne. Pour ceux qui ont réussi jeunes, elle est inutile. Pour les autres, plus lents, elle est juste un moyen de finir le travail.

Thomas Hardy

Jeunes, nous mentons sur notre âge et nous nous vieillissons pour nous affirmer. À un certain âge, nous recommençons à mentir et nous nous rajeunissons pour nous affirmer. Nous ne sommes jamais contents de notre âge.

Quarante ans, c'est
la vieillesse des jeunes,
cinquante ans, c'est
la jeunesse des vieux.

Victor Hugo

Quand vous vous sentez prisonnier de vos soucis, allez dormir.

Le travail est toujours stimulant, rajeunissant, excitant et gratifiant.

La plupart des gens ne savent pas vieillir, semble-t-il.

Pourquoi les octogénaires ne jetteraient-ils pas des boules de neige ?

C'est seulement le corps qui change ; à l'intérieur, nous restons nous-mêmes.

Comme le fromage, la vie se bonifie avec l'âge.

Du sommet de la vieillesse, nous pouvons regarder devant nous, vers la prochaine montagne à gravir, ou regarder derrière nous, en bas, vers l'endroit d'où nous venons.

À partir du milieu de la vie, seul reste bien vivant celui qui est prêt à mourir debout.

Carl Jung

Vous pouvez rester assis en attendant l'arrivée de la vieillesse, ou vous lever et partir dans une autre direction.

Caton l'Ancien, dit-on, commença l'étude du grec à l'âge de quatre-vingts ans. Voilà de l'optimisme.

Ne comptez pas vos années ; faites-les compter.

Ne laissez pas la brise devenir un ouragan.

Les mauvaises habitudes sont souvent des outils qui nous aident au cours de la vie.

Toute nouvelle idée comporte une part de souffrance.

Buvez à la vie – à tout ce qu'elle a été, à tout ce qu'elle sera.

On n'atteint la maturité que lorsqu'on a la capacité et la volonté de se voir comme un parmi d'autres.

Les jours paraissent longs, les années paraissent courtes : l'inverse de notre jeunesse, quand le jour n'était jamais assez long, et l'année durait une éternité.

Apprenez au monde à admirer les rides comme des empreintes de l'expérience.

Les cheveux blancs sont des signes de sagesse.

Nous payons les excès de notre jeunesse, si nous vivons pour vieillir.

Plus le fifre est âgé, plus la musique est douce.

Proverbe anglais

Plus nous vieillissons, plus nous voulons vieillir.

Dans le rire et l'allégresse, laissez venir les rides de l'âge.

William Shakespeare

Si on ne peut pas rire de la vie, à quoi sert-elle ?

C'est étrange que tout le monde souhaite vivre longtemps, mais que personne ne souhaite vieillir.

Les gens qui vivent le plus longtemps sont ceux qui dépassent l'âge de l'enthousiasme — que ce soit cinquante ou cent ans.

La chose la plus inattendue qui puisse arriver à quelqu'un, c'est la vieillesse.

Mathusalem a vécu 969 ans, mais il a vu moins de changements durant toute sa vie que nous dans les cinquante dernières années.

Curiosité et enthousiasme sont les meilleurs gages de longévité.

Dans le cœur de tout être humain, il y a l'attrait de l'émerveillement et la joie de vivre.

Acceptez votre âge, sans regrets du passé, ni angoisse de l'avenir.

Vieillesse calme, épanouie, immense dans la fière immensité de l'univers, vieillesse qui s'écoule libre dans la délicieuse liberté de la mort prochaine.

Walt Whitman

Au lieu de vous soucier de savoir si, oui ou non, vous serez là demain, profitez d'aujourd'hui.

Avec l'âge vient la satisfaction de regarder nos succès qui, autrefois, n'étaient que des espoirs.

La vieillesse est un club privé dont tout le monde n'a pas la chance de pouvoir être membre.

Nous devenons vieux le jour où nous oublions nos satisfactions passées.

Nous ne devons pas résister à la nature mais nous soumettre, et apprendre d'elle.

Pour rester jeune, mangez bien, dormez bien, faites de l'exercice et mentez sur votre âge.

Ah ! que la vie est quotidienne…

Jules Laforgue

Souvenez-vous :
tous les vieillards
ont été jeunes, mais
tous les jeunes
n'atteindront pas
une saine vieillesse.

Bonnes résolutions

Vous ne trouverez pas le but de la vie en demandant à quelqu'un. Le seul moyen d'avoir la bonne réponse, c'est de vous le demander à vous-même.

Celui qui n'est pas prêt à mourir pour quelque chose n'est pas prêt à vivre.

Décider ce qui est important pour vous, voilà ce qu'est la vie humaine.

C'est votre droit
d'être sur cette terre
et de choisir votre
façon de vivre.

Ne laissez pas hier envahir aujourd'hui.

Si vous parlez encore de ce que vous faisiez hier, vous n'avez pas fait grand-chose aujourd'hui.

Revivre le passé ou s'inquiéter de l'avenir : la paix se trouve quelque part entre les deux.

Le passé est un bel endroit à visiter, mais il ne fait pas bon y vivre.

C'est un fait : si vous avez peur du lendemain, il arrive ; si vous n'en avez pas peur, il arrive.

Demandez-vous ce que vous pourriez faire tous les jours pour vous sentir plus vivant au cours de vos journées.

Programmez une heure par jour pour vous-même, et utilisez-la seulement pour vous.

Faites quelque chose, faites n'importe quoi, mais évitez de ne rien faire.

Les soucis sont un cycle complet de pensées stériles tournant autour d'un pivot, la peur.

Heureuse la personne trop occupée pour avoir des soucis le jour, et trop endormie pour en avoir la nuit.

On reconnaît l'homme qui a réussi à ce qu'il peut rester une journée entière sur la berge d'une rivière sans culpabiliser.

Les soucis donnent
une grande ombre
à de petites choses.

Une trousse d'urgence devrait toujours contenir le sens de l'humour.

Un homme courageux n'a pas d'arme.

Il est facile d'être brave à bonne distance.

Ésope

Plus le bras est courageux, plus le glaive est long.

Ceux qui vivent sont
ceux qui se battent.

Victor Hugo

Ne manquez aucune occasion de faire le bonheur des autres même si, pour cela, vous devez les laisser tranquilles.

Ne regardez pas où vous tombez, mais où vous avez glissé.

Dieu nous a donné deux extrémités : une pour penser, une pour nous asseoir dessus. Le succès dépend de celle que nous utilisons.

Abandonner ne signifie pas être faible. C'est parfois la preuve que vous êtes assez fort pour laisser tomber.

Promettez seulement ce que vous pouvez donner. Puis donnez plus que vous avez promis.

Quand vous perdez, ne perdez pas la leçon.

Soyez curieux.

Pour savoir où mène la route, demande à celui qui revient.

Proverbe chinois

Le passé est
déjà passé.

L'avenir n'est
pas encore là.

Les choses changent constamment.

Appréciez le passé, espérez l'avenir. Vivez le présent.

Ne vous accrochez pas à vos vieilles idées ; adoptez-en de nouvelles.

Méditez au fond de vous-même : là réside votre force.

Le moi a pour seules limites celles qu'il accepte.

Le but de la vie est l'être – par opposition au non-être.

Ne donnez jamais d'importance aux choses que vous ne souhaitez pas voir arriver.

Tant que nous serons motivés par la convoitise et l'avidité, il n'y aura pas de paix.

Apprenez à écouter votre moi intérieur.

Il est impossible d'aller en arrière pour recommencer, mais nous pouvons commencer maintenant pour modifier le dénouement.

Nous créons tous notre réalité selon nos croyances, nos attentes et nos actions.

Aucun rêve n'est trop grand pour nous.

Le savoir est hanté par les fantômes des idées périmées.

Si vous n'avez pas
le temps de bien faire,
prenez le temps de
refaire.

**Connaissez vos
limites – mais
cherchez toujours
à les dépasser.**

En jetant la poussière, vous perdez de la terre.

Une occasion n'est jamais perdue : quelqu'un reprendra toujours celle que vous manquez.

Certains épongent le sol au lieu de fermer le robinet.

Si vous ne visez rien,
vous ferez mouche
à tous les coups.

La vision sans action est un rêve éveillé. L'action sans vision est un cauchemar.

Quand le cheval est mort, on va plus loin si on en descend.

Il reste plus de jus dans le citron qu'il n'en gicle dans l'œil.

Quand on oublie les pâtes, on est condamné à les réchauffer.

Dans la vérité, il y a plus que les faits.

Même la pendule cassée est à l'heure deux fois par jour.

Les mamies sont des mamans avec beaucoup de sucre.

De nos jours, la vérité est si peu éclairée qu'il devient presque impossible d'être illuminé.

Avant l'illumination : coupe du bois, apporte de l'eau.
Après l'illumination : coupe du bois, apporte de l'eau.

Proverbe bouddhiste zen

Frappe sur le ciel
et écoute le son.

Proverbe zen

Qui a atteint l'éveil voit la vie comme
un moyen de devenir plus éveillé.

Quand vous achetez du gruyère, n'oubliez pas de manger les trous.

Vous ne pourrez pas réveiller quelqu'un qui fait semblant de dormir.

Notre fortune est dans notre coffre intérieur. Là se trouve tout ce dont nous avons besoin.

La dissimulation ne peut être que provisoire.

La contrainte est un mal, mais le plus grand mal est d'être contraint à vivre soumis à la contrainte.

Personne ne choisit une chose parce que c'est un mal, mais nous sommes souvent acculés à accepter le moindre de deux maux.

Comptez sur vos amis, pas sur les avantages de l'amitié.

Quand nous vivons avec de bons amis autour de nous, même si nous n'avons jamais besoin de leur aide, nous sommes assurés de leur aide en cas de besoin.

Il n'y a aucune raison de mettre fin à une vie, surtout la vôtre.

Si vous courez deux lièvres à la fois, vous n'en attraperez aucun.

Vous ne pouvez pas tomber du sol.

Trébucher évite parfois de tomber.

Le sage voit
davantage
depuis le fond
du puits que
l'imbécile
depuis le
sommet de
la montagne.

La philosophie n’est que du bon sens en habit de soirée.

Perdre du temps, c'est tuer la vie.

Ne laissez pas le sable du temps s'infiltrer dans votre sandwich.

Vivez aujourd'hui, demain ce sera l'histoire.

Apprenez d'hier, vivez aujourd'hui, espérez pour demain.

Qui vit pauvre meurt riche.

Plutôt que de gagner sa vie, il faut la vivre.

Faites de votre vivant
ce qu'on désire en mourant.

Personne n'a jamais dit sur son lit de mort qu'il aurait aimé passer plus de temps au bureau.

Souvenez-vous que nous vivons dans deux mondes : celui que nous voyons et celui qui est invisible.

Une poche pleine ne vaut pas le prix de votre âme.

Utilisez judicieusement les choses que nous avons réussi à confectionner avec les matières premières de la nature.

Le respect de soi-même s'est quelque peu dilué dans la notion d'amour-propre. Étant donné que le respect se gagne, combien vous respectez-vous ?

La force
physique
se mesure à
ce que nous
portons,
la force
spirituelle à
ce que nous
supportons.

Celui dont la vie n'est que représentation n'a pas d'ego.

Nous pouvons choisir d'être authentiques, au risque d'être ridicules, ou de tricher avec nous-mêmes, au risque de perdre notre propre estime.

Qui peut supporter la vie s'il ne se supporte pas lui-même ?

Il vaut mieux déplaire aux gens en faisant ce que vous savez être juste que leur plaire momentanément en faisant ce que vous savez être mauvais.

La vie ne cesse pas plus d'être drôle quand les gens meurent, que d'être sérieuse quand les gens rient.

George Bernard Shaw

Seules quelques rares choses sont vraiment importantes.

Si la mort est Chhht... alors la vie doit être Youpiii ! ! !

Osez vous joindre à la danse cosmique qu'est la vie.

La philosophie d’un siècle est
le bon sens du siècle suivant.

Générosité et perfection sont
des objectifs permanents.

Ne soyez pas impatient, la fortune frappera assez tôt à votre porte.

On se dirige droit vers une vie tourmentée si on croit que les choses arrivent par nécessité.

Soyez fier de vos qualités, non de votre apparence.

Les mauvaises habitudes sont comme des personnes malfaisantes qui cherchent à nous nuire.

L'homme de qualité se consacre à la sagesse et à l'amitié. La sagesse dure une vie, l'amitié dure à jamais.

Prenez toutes vos décisions selon les objectifs que vous avez fixés pour votre vie, et vous éviterez le doute et la confusion.

Vous avez un esprit actif et une imagination ardente. Utilisez-les.

Plutôt allumer une bougie que maudire l'obscurité.

On peut toujours trouver la paix dans le silence.

Si vous restez calme dans un moment de colère, vous éviterez cent jours de douleur.

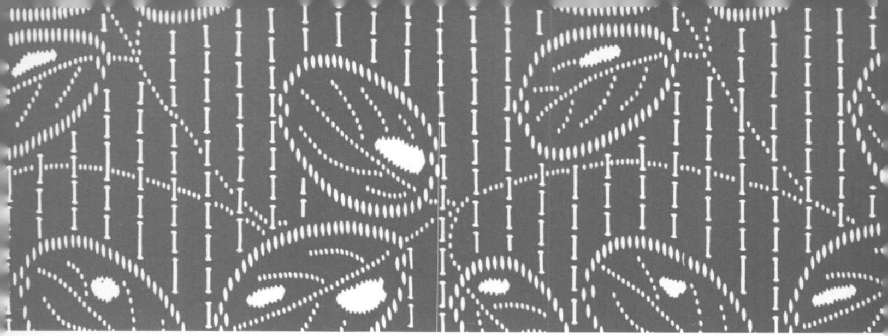

La vie est remplie de petits signes qui vous aident à prendre les décisions. Cherchez-les.

Le sens de l'amitié vous vaudra beaucoup d'admiration.

Si nous commençons à penser que l'univers, après tout, n'est peut-être pas infini, nous pouvons affirmer que la bêtise humaine l'est.

L'avidité est lourde à porter : elle n'est jamais satisfaite.

Le tact est, en toute occasion, l'invité le plus apprécié.

Soyez certain que vos mensonges passeront la ligne d'arrivée avant vous.

Votre détermination vous mènera où vous voulez.

Il n'y a rien de pire qu'un décalage entre les revenus d'une personne et son style de vie.

Il faut prendre des risques, pas seulement les calculer.

Croyez en vos capacités physiques, et elles augmenteront.

Ne cherchez pas votre vie dans celle d'un autre.

Écoutez votre corps : il vous dira de quoi il a besoin pour survivre. Ne laissez pas votre esprit pousser votre corps à l'imprudence.

Nous sommes nés avec la force de surmonter tous les obstacles qui pourraient surgir devant nous.

Ceux qui disent que c'est infaisable ne doivent pas interrompre ceux qui font.

L'art de vivre est une alternance de laisser-faire et de tenir bon.

Vivre une longue vie ou vivre une longue vie active, ce n'est pas la même chose.

À la naissance, nous recevons la matière première pour faire de notre vie une magnifique œuvre d'art ou une ripaille de goinfres. À nous de choisir.

Philosophie

Commencez par le commencement…
et continuez jusqu'à la fin ; ensuite
arrêtez-vous.

Lewis Carroll

Il n'y a qu'une vie, c'est donc qu'elle
est parfaite.

Paul Eluard

Croyez ceux qui cherchent la vérité.
Doutez de ceux qui l'ont trouvée.

André Gide

Prends garde de perdre la substance,
en t'accrochant à l'ombre.

Ésope

J'ai réinventé le passé pour voir la beauté
de l'avenir.

Louis Aragon

Le bonheur de chacun est simplement fait du bonheur de tous.

Émile Zola

Vous ne savez jamais ce qu'est assez, avant de savoir ce qu'est plus qu'assez.

William Blake

Pensez en homme d'action, agissez en homme de pensée.

Henri Bergson

Mon bonheur est d'augmenter celui des autres. J'ai besoin du bonheur de tous pour être heureux.

André Gide

**Alice arriva à une bifurcation.
« Quel chemin dois-je prendre ? » demanda-t-elle.
« Où veux-tu aller ? » répondit le chat du Cheshire.
« Je ne sais pas », dit Alice.
« Alors, dit le chat, cela n'a pas d'importance. »**

Lewis Carroll

Aucun homme ne marche deux fois dans la même rivière, car ce n'est pas la même rivière, ni le même homme.

Héraclite

Presque toute parole sensée a son contraire, tout aussi sensé.

George Santayana

Il est bon de sortir de la vie comme d'un banquet, ni assoiffé, ni soûl.

Aristote

Le contraire d’un discours correct est un discours erroné. Mais le contraire d’une vérité absolue peut bien être une autre vérité absolue.

Niels Bohr

La vie n'est pas ce que tu crois. C'est une eau que les jeunes gens laissent couler sans le savoir, entre leurs doigts ouverts. Ferme tes mains, ferme tes mains, vite. Retiens-la. Tu verras, cela deviendra une petite chose dure et simple qu'on grignote, assis au soleil.

Jean Anouilh

Le charme de l'histoire et sa leçon énigmatique sont que, d'une époque à l'autre, rien ne change et pourtant tout est complètement différent.

Aldous Huxley

Les vraies tragédies de ce monde ne sont pas des conflits entre le bien et le mal. Ce sont des conflits entre deux biens.

Georg Hegel

L'avenir influence le présent, tout autant que le passé.

Friedrich Nietzsche

Si un homme commence avec des certitudes, il finira dans le doute mais s'il veut bien commencer dans le doute, il finira avec des certitudes.

Francis Bacon

Il est bien vrai que nous devons penser au bonheur d'autrui ; mais on ne dit pas assez que ce que nous pouvons faire de mieux pour ceux qui nous aiment, c'est encore d'être heureux.

Alain

La plupart des êtres humains ont une capacité presque infinie à considérer les choses comme acquises.

Aldous Huxley

Je n'y peux rien, l'idée d'infini me tourmente.

Alfred de Musset

Vous avez du pouvoir sur les gens seulement si vous ne leur prenez pas tout. Quand vous avez tout volé à un homme, il n'est plus en votre pouvoir : il est de nouveau libre.

Alexandre Soljenitsyne

Voir le Monde dans un Grain de Sable
Et le Ciel dans une Fleur Sauvage,
Tenir l'Infini dans la paume de la main
Et l'Éternité dans une heure.

William Blake

La courte durée de la vie nous empêche de nourrir des espoirs à long terme.

Horace

N'essayez pas de trouver : on nous interdit de savoir quelle fin les dieux nous donneront, à vous et moi.

Horace

Cessez de vous en prendre aux autres de vos propres fautes : le mal que les enfants voient les corrompt moins que celui que vous leur apprenez.

Jean-Jacques Rousseau

Les hommes les plus sérieux de toutes époques, y compris Salomon lui-même, n'ont-ils pas eu leur cheval de bois et tant qu'un homme enfourche paisiblement son cheval de bois sans nous obliger, vous et moi, à monter derrière, eh bien Monsieur, avons-nous quelque chose à dire ?

Laurence Sterne

Le mal temps passe et retourne le bon,
Pendant qu'on trinque autour de gras jambon.

Rabelais

Ne vous demandez pas ce que demain apportera, et profitez de chaque jour alloué par le Destin.

Horace

Comme la jeunesse est belle, toujours fuyante ! Celui qui veut être heureux doit se dire : il ne faut rien savoir de demain.

Laurent de Médicis

Si j'ai pu voir plus loin, c'est en montant sur les épaules des géants.

Isaac Newton

Mon âme, ne cherche pas l'immortalité, mais épuise le royaume du possible.

Pindare

Il faut manger pour vivre, et non vivre pour manger.

Molière

… Car la vie ne s'en retourne pas en arrière, ni ne s'attarde avec hier. Vous êtes les arcs qui projettent vos enfants comme des flèches vivantes.

Kahlil Gibran

Notre amour de la vie n'est qu'une vieille liaison dont nous ne savons pas nous débarrasser.

Marcel Proust

Vivez, si m'en croyez, n'attendez à demain,
Cueillez dès aujourd'hui les roses de la vie.

Pierre de Ronsard

Dans notre vie, nous dirons tous quelque chose d'important. Peu importe que nous soyons ou non les premiers à le dire. L'essentiel est que l'importance en soit reconnue, et trouve un écho dans le temps.

Baissez le rideau, la farce est jouée.

François Rabelais

Il est absolument certain que l'âme est immortelle et impérissable, nos âmes existeront bien dans un autre monde.

Platon

Pendant que nous parlons, s'écoule le temps jaloux : accrochez-vous au jour, ne faites pas confiance à l'avenir.

Horace

Ne cherchons pas à marcher dans les pas du sage. Cherchons ce qu'il cherche.

Songez-y, un métaphysicien n'a, pour constituer le système du monde, que le cri perfectionné des singes et des chiens.

Anatole France

Nous avons une très douce médecine que la philosophie ; car les autres, on n'en sent le plaisir qu'après la guérison, celle-ci plaît et guérit ensemble.

Montaigne

Quand vous contemplez les abysses,
les abysses vous contemplent aussi.

Friedrich Nietzsche

Tout le monde peut contempler l'infini, mais quelqu'un doit réparer la plomberie.

L'important dans la vie, c'est la vie, et non le résultat.

Johann Wolfgang von Goethe

Assez de mots, assez de phrases !
ô vie réelle, Sans art et sans
métaphores, sois à moi.

Valery Larbaud

Dans le voyage de la vie, la foi est notre nourriture, les actes vertueux notre abri, la sagesse nous éclaire le jour et la juste attention nous protège la nuit. Si un homme vit une vie de pureté, rien ne peut le détruire.

Bouddha

Ne vous demandez pas ce qui va arriver demain, prenez comme un bienfait chaque jour que la providence vous accorde.

Horace

Si vous croyiez davantage à la vie, vous vous jetteriez moins sur l'instant.

Friedrich Nietzsche

Il y a peut-être des secrets pour changer la vie ?

Arthur Rimbaud

Le jeune homme qui n'a pas pleuré est un sauvage, et le vieil homme qui ne rit pas est un imbécile.

George Santayana

La vie est une fin en soi. La seule question est de savoir si elle vaut d'être vécue, ou si vous êtes las de la vivre.

La finalité de la vie est d'être comme Dieu, l'âme qui suit Dieu sera comme Lui.

Socrate

Je joue avec la vie, madame ; elle n'est bonne qu'à cela. Il faut que chaque enfant, vieux ou jeune, fasse ses bouteilles de savon.

Voltaire

Personne n'aime la vie autant que celui qui vieillit.

Sophocle

La vieillesse est une maladie incurable.

Sénèque

Les femmes regardaient Booz plus qu'un jeune homme,
Car le jeune homme est beau, mais le vieillard est grand.

Victor Hugo

Si jeunesse savait ; si vieillesse pouvait.

Henri Estienne

Vous devez être le changement que vous souhaitez pour le monde.

Mahatma Gandhi

Rien de précieux n'est transmissible. Une vie heureuse est un secret perdu.

Jacques Chardonne

Voici ma simple religion : pas besoin de temple, ni de philosophie compliquée. Le temple, c'est notre propre esprit, notre propre cœur. La philosophie, c'est la bonté.

Dalaï Lama

Ou bien vous pensez, ou bien les autres pensent à votre place, et ils prennent de l'ascendant sur vous, ils pervertissent et tempèrent vos goûts naturels, ils vous civilisent et vous stérilisent.

F. Scott Fitzgerald

Toutes les pensées vraiment brillantes ont déjà été pensées des milliers de fois ; mais pour nous les attribuer, nous devons les penser sincèrement, jusqu'à ce qu'elles s'enracinent dans notre expérience personnelle.

Jonann Wolfgang von Goethe

La parole a été donnée à l'homme pour cacher sa pensée.

Stendhal

Qui ne se souvient pas du passé est condamné à le répéter.

George Santayana

Je conteste qu'une chose aussi inutile que la souffrance puisse donner des droits quels qu'ils soient, à qui que ce soit, sur quoi que ce soit.

Boris Vian

Ton travail est de découvrir ton monde, puis avec tout ton cœur de te donner à lui.

Bouddha

L'homme est né pour la société ; séparez-le, isolez-le, ses idées se désuniront, son caractère se tournera, mille affections ridicules s'élèveront dans son cœur.

Denis Diderot

On ne fait pas ce qu'on veut. On veut, et on vit : cela fait deux.

Romain Rolland

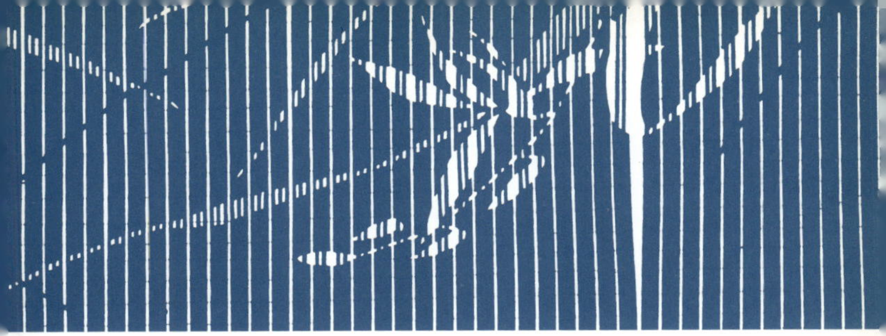

À l'origine tout homme sait bien qu'il est un être unique, sur terre pour une seule fois ; aucune chance de voir une telle diversité dans l'unité, si merveilleusement pittoresque, assemblée une seconde fois.

Friedrich Nietzsche

Tout le savoir que je possède peut être acquis par un autre, mais mon cœur est à moi seul.

Johann Wolfgang von Goethe

La plupart de nos fautes sont plus excusables que les moyens par lesquels nous les cachons.

François de La Rochefoucauld

La vie n'est-elle pas cent fois trop courte pour que nous nous modérions ?

Friedrich Nietzsche

L'homme est le moins lui-même quand il parle en son nom. Donnez-lui un masque, et il vous dira la vérité.

Oscar Wilde

Le point essentiel du bonheur, c'est que l'homme désire être ce qu'il est.

Érasme

Savoir ce que vous préférez, au lieu de dire humblement « amen » à ce que le monde vous dit de préférer, c'est garder votre âme en vie.

Robert Louis Stevenson

Se trouve autant de différence de nous à nous-mêmes que de nous à autrui.

Michel de Montaigne

Il doit souvent changer, celui qui veut être constant dans le bonheur ou la sagesse.

Confucius

Le savant n'est pas l'homme qui fournit les vraies réponses ; c'est celui qui pose les vraies questions.

Claude Lévi-Strauss

J'ai passé à côté du monde, et j'ai pris l'histoire pour la vie.

Jules Michelet

Les « comment » m'intéressent assez pour que je renonce sans regret à la vaine recherche des « pourquoi ».

Roger Martin du Gard

Vivre est une maladie, dont le sommeil nous soulage toutes les seize heures. C'est un palliatif. La mort est le remède.

Nicolas Chamfort

Les pensées, comme des puces, sautent d'un homme à l'autre, mais elles ne mordent pas tout le monde.

Soren Kierkegaard

La vie : condiment spirituel qui préserve le corps de la déchéance.

Ambrose Bierce

Mettez de l'ordre dans votre âme ; réduisez vos besoins ; vivez dans la charité ; rejoignez la communauté chrétienne ; obéissez aux lois ; faites confiance à la Providence.

Saint Augustin

Et tu trouveras le soulagement, si tu vis chacun des actes de ta vie comme si c'était le dernier.

Marc Aurèle

On nous apprend à vivre quand la vie est passée.

Michel de Montaigne

Quand on peut espérer ce qu'on désire, on a toute la somme de bonheur accordée à notre nature pensante.

Eugène Delacroix

La vie a ses propres forces cachées, que nous ne pouvons découvrir qu'en vivant.

Søren Kierkegaard

La vie n'est pas une science exacte, c'est un art.

Samuel Butler

Le sentiment de l'existence dépouillé de toute autre affection est par lui-même un sentiment précieux de contentement et de paix, qui suffirait seul pour rendre cette existence chère et douce.

Jean-Jacques Rousseau

La plus constante marque de la sagesse, c'est une constante réjouissance.

Montaigne

Nous devons faire bon accueil à l'avenir, en nous rappelant qu'il sera bientôt le passé ; et nous devons respecter le passé, en nous rappelant qu'il a été tout ce qui était humainement possible.

Aldous Huxley

Apprenez comme si vous deviez vivre éternellement, vivez comme si vous deviez mourir demain.

Mahatma Gandhi

Ce que d'autres ont réussi, on peut toujours le réussir.

Antoine de Saint-Exupéry

Nul n'ira jusqu'au fond du rire d'un enfant.

Victor Hugo

Comme il se produit plus d'individus qu'il n'en peut survivre, il faut un combat pour l'existence, soit entre individus de même espèce, soit entre individus d'espèces différentes, ou encore avec la condition physique de la vie.

Charles Darwin

L'infini fait autant peur à notre vue qu'il plaît à notre âme.

Madame de Staël

J'ai appris qu'une vie ne vaut rien, mais que rien ne vaut une vie.

André Malraux

C'est le propre d'un esprit évolué, que de pouvoir admettre une opinion sans l'approuver.

Aristote

Ton corps est précieux. C'est ton véhicule vers l'éveil. Traite-le avec soin.

Bouddha

Fuyez l'ennui et il vous fuira.

Louis Guilloux

Les erreurs sont les portails de la découverte.

James Joyce

Je pense, donc je suis.

René Descartes

Il vaut mieux gâcher sa jeunesse que de n'en rien faire du tout.

Georges Courteline

Quand je veux rire, c'est aux éclats ; s'il faut pleurer, c'est aux sanglots. Je n'y connais de milieu que l'ennui.

Beaumarchais

Il n’y a pas de fin.
Il n’y a pas de
commencement.
Il y a seulement
l’infinie passion
de la vie.

Federico Fellini

Le bel âge

Atteindre un grand âge, c'est en partie de la chance, en partie de la bonne gestion.

Ne craignez pas la vieillesse : elle a ses épreuves, mais aussi ses bienfaits.

Un des bonheurs de vieillir est de voir les enfants se battre pour s'asseoir sur vos genoux.

Partagez avec les autres ce que la vie vous a appris : ils pourront profiter de vos succès comme de vos erreurs.

À l'âge où certains prennent leur retraite, d'autres deviennent grands-parents.

La vieillesse est un état d'esprit. Comme la jeunesse.

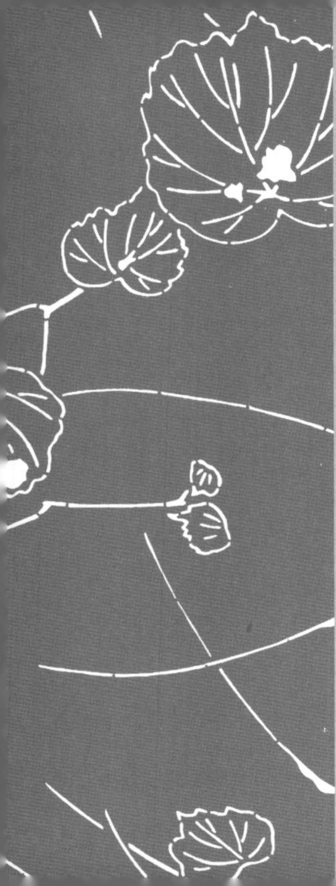

Si vous ne vous souciez pas de votre âge, il perd toute importance. C'est bien la preuve que l'esprit domine la matière.

Les âmes les plus jeunes habitent souvent les corps les plus âgés.

Les meilleurs copains sont les grands-parents.

Nos petits-enfants nous prennent comme nous sommes.

Petits-enfants et grands-parents s'entendent bien parce qu'ils ont un ennemi commun.

Chaque fois que naît un enfant, des grands-parents naissent aussi quelque part.

Le plus grand plaisir que nous puissions avoir en vieillissant est de devenir grands-parents.

Il est plus facile aux grands-parents d'être amis avec leurs petits-enfants qu'aux parents de l'être avec leurs enfants.

Les gènes sautent une génération : les grands-parents trouvent leurs petits-enfants plus attirants que leurs enfants.

Les petits-enfants nous sont peut-être donnés pour compenser notre vieillissement.

Curieux comme les grands-parents se sentent plus proches de la génération qui suit celle qu'ils ont élevée !

Les grands-parents sont des baby-sitters qui regardent les enfants, et non la télévision.

Si tout va mal, appelle ta grand-mère.

Proverbe italien

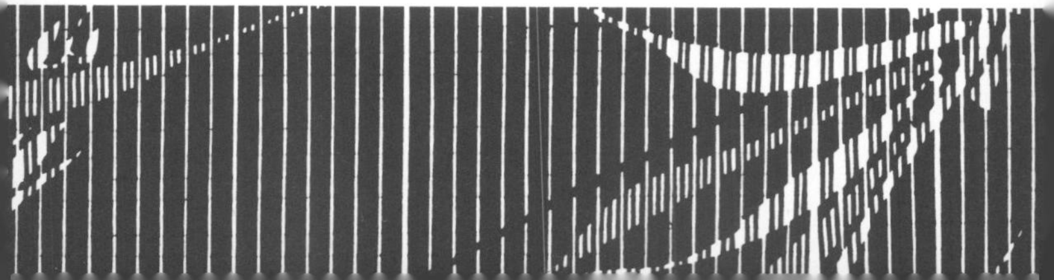

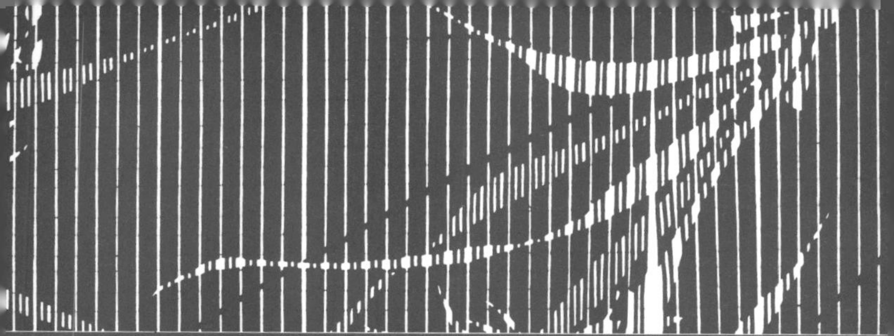

Les parents ne peuvent inspirer à un enfant le magnifique sentiment qu'inspirent les grands-parents.

Les grands-parents sont vieux à l'extérieur, mais jeunes à l'intérieur.

Pour être grands-parents, il faut savoir ne pas reconnaître les petits-enfants quand ils sont déguisés.

D'abord, nous sommes un bébé, assis sur les genoux d'un adulte, puis nous sommes l'adulte avec le bébé sur ses genoux, ensuite notre bébé a un bébé sur les genoux.

La vieillesse est le moment où l'on peut s'asseoir et profiter des choses qu'on n'a pas eu le temps d'apprécier.

La meilleure passerelle entre les générations, c'est un enfant.

Les grands-parents ont besoin que les jeunes enfants veillent sur eux, sinon ils se flétrissent.

La maturité, c'est être plus vieux qu'un fromage, avec deux fois plus de goût.

Le plus triste, quand on vieillit, c'est de ne plus avoir envie de jeter des boules de neige.

Tant que vous avez des envies, personne ne peut vous traiter de vieux.

Ne cessez jamais d'apprendre, ne cessez jamais de rire.

Si vous bougez assez vite, la vieillesse ne pourra pas vous attraper.

Quand nous sommes vieux et un peu tremblants, il est bon de nous rappeler les leçons de notre jeunesse — comme de ne pas renverser la crème glacée du cornet !

Quand
l'enthousias-
me s'en va,
l'âme prend
des rides.

Beaucoup
deviennent
vieux sans
être adultes.

Les rides sont les souvenirs
de nos sourires.

La jeunesse est une chose
merveilleuse. Quel crime de la laisser
aux enfants.

George Bernard Shaw

Les années enseignent beaucoup
de choses que les jours ignorent.

Ralph Waldo Emerson

Les nombres sont des choses curieuses, surtout en matière d'âge. S'il y avait quinze mois par an et dix-sept ans par décennie, quel âge penseriez-vous avoir maintenant ?

Le père Temps n'est pas toujours un parent sévère et, bien qu'il ne favorise aucun de ses enfants, il pose souvent une main bienveillante sur ceux qui en ont bien usé ; il en fait inexorablement des hommes et des femmes âgés, mais il laisse leur cœur et leur esprit jeunes et pleins d'ardeur.

Charles Dickens

L'âge mûr, c'est le moment où votre silhouette commence à ressembler à un fruit mûr.

La vie peut être injuste. Pour certains, au moment où ils commencent à être bien dans leur tête, leur corps se dégrade.

Une vie bien remplie est longue.

Léonard de Vinci

Il y a une sorte de soutien et de respect mutuels entre les petits-enfants et les grands-parents.

L'excitation enfantine de montrer sa nouvelle paire de chaussures est multipliée si on la montre à des grands-parents.

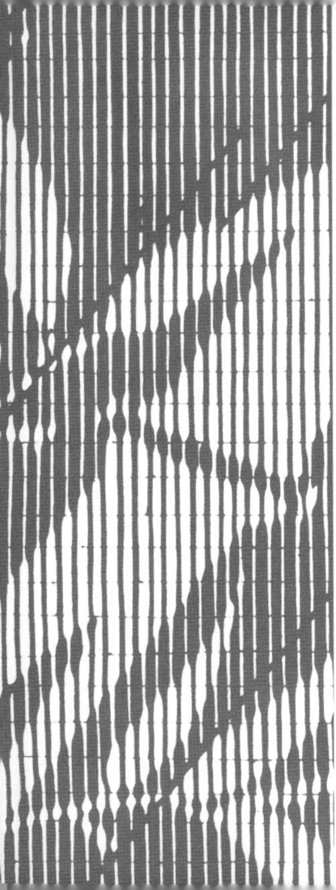

Le jeu de cartes reste le même quand on vieillit. On les bat un peu plus lentement, c'est tout.

Le prix de la maturité est l'âge, et il n'y a pas de réduction.

La principale confusion vient de ce que lorsque nous vieillissons, nos corps changent, mais pas nous.

Dissimuler vos années, c'est comme demander aux feuilles d'un arbre de ne pas changer de couleur à l'automne.

Portez fièrement votre âge ; il n'y a rien de plus stupide que d'essayer de paraître plus jeune qu'on n'est.

Vous ne pouvez pas éviter de vieillir, mais vous n'êtes pas obligé d'être vieux.

George Burns

La science a permis
d'allonger la vie,
mais elle n'a rien fait
pour que nous
aimions vieillir.

Le souvenir d'une vie bien remplie est le meilleur soutien d'une vieillesse heureuse.

L'âge mûr, c'est le moment où le travail est beaucoup moins drôle et l'amusement est beaucoup plus dur.

Ce que la plupart des gens considèrent comme de la vertu, après quarante ans, est simplement un manque d'énergie.

Voltaire

Rappelez-vous tout ce qui était bien dans le passé, mais vivez dans le présent.

Les souvenirs deviennent plus heureux avec l'âge.

Il est essentiel de préserver nos souvenirs, sinon toute notre vie disparaîtra devant nos yeux.

Avec une mémoire active, nous pouvons nous accrocher à tout ce qui nous est et nous fut cher.

Le contenu de notre mémoire, c’est tout ce que nous sommes et tout ce que nous ne voulons pas perdre.

Avec des souvenirs heureux, le jardin peut être en fleur à tout moment de notre choix.

La nostalgie est parfois un vice auquel il est bon de succomber.

Nous ne nous souvenons pas des jours, mais de moments de certains jours.

Quand nous regardons notre vie, nous voyons une succession de moments longs et courts.

Le bon vieux temps ne l'est que rétrospectivement. Maintenant sera aussi le bon vieux temps, c'est juste une question de temps.

Le bon vieux temps d'une personne est le mauvais souvenir d'une autre.

La nostalgie est comme une leçon de grammaire : on trouve le présent indéfini et le passé parfait.

Rien ne remonte les années aussi bien que le nez. Une douce bouffée de parfum, et nous voilà transportés à travers le temps et l'espace vers un moment fort de notre enfance.

Le rire est un des meilleurs antidotes de la vieillesse ; il traverse les générations.

Un instant de rire ouvre un monde de possibilités.

Même s'il n'y a pas de quoi rire, nous pouvons rire à crédit.

Les jours à oublier sont ceux
où personne n'a ri.

Le seul moment où le rire est malvenu, c'est lorsque le soda risque de gicler par votre nez.

Riez à gorge déployée, et vous aurez une petite récréation sur la vie quotidienne.

Ce que le savon est au corps, le rire l'est à l'âme.

Proverbe yiddish

La meilleure arme
dans un combat désespéré,
c'est le rire.

Si vous
avez le
choix
entre le
rire et les
larmes,
riez.

Avec le rire, nous affrontons plus facilement ce que la vie nous inflige.

Un bon fou-rire fait reculer les années.

Un homme n'est jamais pauvre tant qu'il peut rire.

Le rire est un tranquillisant sans effets secondaires.

Je crois savoir pourquoi l'homme est seul à rire ; il est le seul à souffrir au point d'avoir été obligé d'inventer le rire.

Friedrich Nietzsche

Le grand homme est celui qui n'a pas perdu son cœur d'enfant.

En vieillissant, ne rejetez pas les enfantillages. Ils vous serviront si vous voulez devenir un génie.

Chaque enfant
est un artiste.
Le problème
est de le rester.

À la question de votre vie, vous êtes la réponse.
Aux problèmes de votre vie, vous êtes la solution.

Maintenant, enfin, nous commençons à nous comprendre nous-mêmes.

Cherchez le jardin de votre mère, vous trouverez le vôtre.

Quand nous sommes jeunes, les faits n'entrent jamais dans notre imagination. Quand nous vieillissons, notre imagination s'encombre de faits inutiles.

Si les enfants grandissaient selon les premières promesses, nous n'aurions que des génies.

Johann Wolfgang von Goethe

Comparé à la nature active, curieuse et inventive de l'enfant, l'adulte moyen apparaît mentalement demeuré.

Si vous voulez jouir de la vie, redécouvrez l'enthousiasme de l'enfance.

Soyez un enfant tous les jours : fabriquez-vous un monde neuf, beau, inattendu. Remplissez chaque jour d'émerveillement et d'excitation.

Les scientifiques devraient travailler avec des enfants – s'ils le faisaient, nous serions plus près de découvrir les secrets de la jeunesse éternelle.

L'enfant vit ici et maintenant, il conçoit mal l'avenir et n'a pas besoin de s'accrocher au passé.

Jusqu'à preuve du contraire, nous ne passons qu'une fois par ici. À nous de faire tout ce que nous pouvons pendant le temps imparti.

Le souvenir et la vérité sont proches parents, rarement jumeaux.

Soyez patient – vivez tout à fond.

Levez-vous le matin, couchez-vous le soir. Entre-temps, occupez-vous le mieux possible.

Faites-vous des amis et soyez un bon ami. C'est le plaisir le plus durable.

Soyez honnête dans votre vie professionnelle et privée. Le bonheur repose sur la sagesse, l'honneur et l'honnêteté.

Vivez modestement. L'ego, l'orgueil démesuré, la vantardise sont contraires à notre bien-être.

Recherchez le plaisir prudemment.
Il n'existe pas de plaisir qui soit
mauvais en soi.

Prenez chaque jour comme
un cadeau, et gardez-le
précieusement.

Méditez : accordez la paix à votre
esprit.

Évitez les situations qui vous irritent. L'avidité et la tentation laissent des traces sur le corps et sur l'esprit.

Passez autant de temps que possible avec votre famille et vos amis.

Ne vous attardez pas sur les déceptions passées, rendez les autres heureux, et vous ferez aussi votre bonheur.

Savourez vos succès, mais ne vous reposez pas sur vos lauriers. Ayez toujours de nouveaux projets. C'est ainsi que vous garderez un esprit jeune.

Si vous vous rappelez ce qu'était être enfant, vous avez fait la moitié du chemin pour rester jeune.

L’apprentissage ne s’arrête jamais.
Il dure toute la vie.

Ne confondez pas mémoire
et imagination.

Par-dessus tout, profitez de la vie.

Le temps a la manie de nous couper en deux. Ceux qui survivent emportent vers l'âge adulte quelque chose de la nursery.

Ne soyez jamais trop occupé pour jouer : la vie est trop précieuse pour qu'on la gaspille en étant sérieux.

Prenez un adulte, grattez le vernis, et vous trouverez un enfant prêt à jouer avec vous.

Soyez au-dessus des petites contrariétés de la vie.

Les rides ne sont pas douloureuses.

Acceptez le fait de vieillir avec élégance et dignité.

Essayez d'agir selon votre pointure, et non selon votre âge.

Les souvenirs du bonheur passé sont les rides de l'âme !

Xavier de Maistre

Vous avez fait tant d'efforts pour rester sain de corps et d'esprit que vous pouvez savourer votre vieillesse, quand vous y parvenez.

Le meilleur traitement de beauté anti-âge, c'est le rire.

Remontez la pendule, mais n'essayez pas de remonter le temps.

La vie ne se mesure pas seulement dans la longueur – essayez dans la largeur.

Nous ne sommes
vieux que lorsque
les regrets prennent
la place des rêves.

Traduction : Jacques Rousselet

Pour l'édition originale anglaise
parue sous le titre *A Thousand Paths to Long Life* :

Conception graphique : Broadbase

Pour l'édition française :

22, rue Huyghens, 75014 Paris
www.albin-michel.fr

ISBN : 2 226 14048 4
N° d'édition : 13352/3
Dépôt légal : 1er semestre 2005